Bilingual Classics

双语经典

达尔文回忆录

〔英国〕查尔斯·达尔文 著
方华文 译

译林出版社

目　录

译者序

查尔斯·罗伯特·达尔文（Charles Robert Darwin）于1809年2月12日出生在英国什罗普郡的什鲁斯伯里，是著名的生物学家、博物学家、进化论的奠基人，代表作有《物种起源》等。

达尔文八岁时，母亲去世。上小学的时候，由于淘气，他学习成绩欠佳，远远不如妹妹凯瑟琳。不过，他对各种植物以及收集东西有着浓厚的兴趣——无论见到何种花草树木，都非得弄清其名称和习性不可，收集到的物品包罗万象，有贝壳、印章、邮票、钱币和矿石等，这为他以后研究博物学打下了基础。其中，他最喜欢收集的是昆虫，并一直乐此不疲——他的这种情趣持续了一生。在收集昆虫的过程中，曾发生过许多有趣的事情。一天，他剥掉老树皮后，发现了两只罕见的甲虫，于是便双手齐下，一手捉了一只；就在这时，他又看到了一只，而且是新品种，容不得失去，于是便将右手抓的那只塞进了嘴里，想腾出手来。可是那只甲虫竟然喷出了一种异常辛辣的液体，辣得他舌头疼，使他不得不吐出那只甲虫——结果，那只甲虫连同那只新品种甲虫都没能捉到手。

少年时的达尔文非常单纯，十分重视友谊，跟男孩加内特是铁哥们儿，但有一次却受到了加内特的愚弄。一天，加内特带达尔文进了一家糕饼店。由于店主信任加内特，加内特买糕饼时竟没有付钱。出了店门，达尔文问加内特为什么没付钱，他立刻回答说："哦，你恐怕不知道，我叔叔捐了一大笔钱给这个镇子，条件是：不管是谁，只要戴上他的帽子，以一种特定的方式碰一碰帽檐，到任何一家店里买东西都不用付钱。"加内特说完还碰了碰帽檐，给达尔文做了示范。后来，他把帽子借给达尔文，后者走进糕饼店，拿了几块糕饼，碰了碰帽檐便往外走。谁知店主追了过来，吓得达尔文丢掉糕饼，没命地狼狈逃窜，惹得加内特哈哈大笑。

在达尔文的父亲和所有教过他的老师的眼里，达尔文是个再普通不过的孩子，甚至可以说智力偏下。有一次，父亲的几句话深深刺痛了他："你干什么都不用心，就知道打猎、遛狗和抓老鼠，你自己丢人不说，还让全家人也跟着丢脸。"达尔文爱自己的父亲，也崇拜他，万万想不到他老人家竟会生那么大的气，说出那种话来。这叫他终生难忘，这番话一直在刺激和鼓舞他上进。

达尔文虽然学习成绩欠佳，却经常跟一些小诗友切磋诗艺——他们一起收集诗歌、朗诵诗歌，甚至照葫芦画瓢,创作了几首打油诗。那时的达尔文记忆力强，一次晨祷的时间便可以记住维吉尔或荷马的四五十行诗。在所有的诗人里，他最喜欢和推崇的是古罗马诗人贺拉斯，对贺拉斯的诗作百读不厌。对于其他类型的文学作品，他也情有独钟，经常坐在学校厚墙壁的窗台上看莎士比亚的历史剧，一看就是好几个小时。

在那段校园生活的后期，达尔文迷上了打猎。他晚年回忆往事，第一次打猎时的情景仍历历在目——当时他激动得手发抖，甚至都无法往弹仓里装子弹了。出于痴迷，经过刻苦练习，他后来竟成了一个出色的枪手。进入剑桥大学后，他还经常对着镜子练习举枪上肩的动作，在镜子里看自己的动作是否标准。他另有一个练习的项目——他会请一个朋友举着一根点着的蜡烛来回晃动，他则用帽子瞄准投掷，让帽子从蜡烛上方掠过；如果投得准，气流就会使蜡烛熄灭。投掷时，帽子会发出啪的一声响。据说，学校里的辅导员曾对人讲：“真是咄咄怪事，达尔文先生似乎在他的房间里练习甩马鞭，因为我从他的窗前走过，经常听见里面有响声。”

达尔文在中学长进不大，其父便明智地叫他早早地离开了那儿（比普通孩子要早许多），于 1825 年 10 月把他和哥哥都送入爱丁堡大学读书，让他们学医——他的哥哥并无悬壶济世之心，而他学医则是因为父命难违。没过多长时间，达尔文不知从哪里听到一些传闻，说他父亲将会留给他一笔财产，这笔财产足以让他过上衣食无忧的日子（他万万没想到自己将会如此富有）。他相信了这一传闻，于是在学业上便松懈了。爱丁堡大学的授课形式是讲座，而令他最反感的是人体解剖讲座，于是便三天打鱼两天晒网，只是混个学分，结果落下了一辈子的遗憾——在他以后的研究中，处处都离不了解剖学知识。爱丁堡大学的附属医院有两次做手术，达尔文也参加了。那两台手术都非常糟糕（其中一台是给一个小孩做的），情景十分吓人（当时麻醉剂还没有问世），没等手术结束他就跑掉了。

达尔文在爱丁堡大学只待了两学期，而后便进入剑桥大学。在剑桥大学的三年里，他接触到了许多名重一时的教授，如亨斯洛等。他和亨斯洛结下了终生友谊，在人格和学术方面都深受其影响。亨斯洛教授是个极为虔诚的教徒，而且十分传统，有一次他告诉达尔文：英国圣公会的教义纲要哪怕改动一个字，他都会很伤心的。他的道德品质令达尔文不胜敬佩——他没有丝毫的虚荣心或小肚鸡肠，世间少有像他那样严于律己、宽以待人的人。他性情温和、善良，待人温文尔雅、彬彬有礼，但一见到不公正的行为则会勃然大怒，挺身而出。一次，他们师生二人在剑桥街头看到了只有在法国大革命时才有的可怕情景。有两个盗墓人被抓住后由警察送往监狱，途中却被一群暴民抢了去。暴民们抓住盗墓人的腿，在泥泞的石头路面上横拖硬拽，使得那两人从头到脚都是泥，脸上被脚踢得和石头砸得血流不止，看上去像死人一样。亨斯洛气得脸色发青，几次要冲进人群解救那两人，但每一次都被挡了回来。他风一般地跑去找市长要求增加警力。这件事别的情节达尔文记不得了，只记得那两个人被送进了监狱，没有被杀死。

年轻时候的达尔文非常喜欢绘画，经常流连于菲茨威廉画廊和伦敦国家美术馆，对这两个地方的名画百看不厌，尤其迷恋于乔舒亚·雷诺兹以及塞巴斯蒂安·德尔·皮奥博等人的画作，还跟专家们在一起讨论。除此之外，他还开始涉足音乐领域，听朋友们用乐器演奏，渐渐对音乐产生了浓厚的兴趣。礼拜日散步时，他会掐准时间，赶到国王学院礼拜堂听教徒们唱赞美诗，从中获得莫大的乐趣，经常激动得发抖。有时，他还将唱诗班的孩子请到他的宿舍里演唱。尽管他听力很差，听不出音符正确与否，也听不出音乐节拍及曲调是不是正确，但令人称奇的是他竟然能从音乐中获得快乐。

1831 年，达尔文的命运出现了转折——谁知这一转折日后竟令他名垂青史。亨斯洛给他写来一封信，说“贝格尔号”军舰[①]的舰长菲兹－罗伊愿意带一位年轻志愿者随军舰做环球考察，作为博物学家，义务协助他工作。达尔文的父亲坚决反对他去，但留了一句活话：“假如你能找到一个有见识的人建议你参加，那我也会同意。”达尔文的姨夫乔舒亚·韦奇伍德听说此事后，便远道赶来劝说他的父亲，结果后者爽快地同意了——达尔文的父亲一直都觉得乔舒亚·韦奇伍德是天下最有头脑的人。后来，达尔文乘坐“贝格尔号”军舰做了历时五年的环球航行，对动植物和地质结构等进行了大量的观察和研究，并采集了各种各样的标本，归国后出版了流芳百世的巨著《物种起源》，提出了“生物进化论”

---

① 一艘老式两桅方帆小型军舰，隶属于英国皇家海军，长 90 英尺，能运载 120 余人，装备有 10 门大炮。这次远航持续了 5 年之久，其任务之一是研究和详细勘察南美洲的东西两岸，但政治和经济任务则是这次航行成行的基本原因。当时的英国力求夺取南美洲的市场，力求促使英国的资本渗透到这个洲各个国家的经济中去。——译者注（本书若无特殊说明，均为译者注）

学说。生物进化论学说摧毁了各种唯心的神造论和物种不变论。除了生物学外，他的理论对人类学、心理学及哲学的发展都有不容忽视的影响。恩格斯将生物进化论列为19世纪自然科学的三大发现[①]之一。

1882年4月19日，这位伟大的科学家因病逝世，人们把他的遗体安葬在牛顿的墓旁，以表达对这位科学家的敬仰。

达尔文夫妇共生下了十个子女，其中有三个夭折，余下的几个都非常有成就（有的是银行家，有的是科学家，还有一个当上了英军上校）。这部自传是在他的三儿子弗朗西斯·达尔文（天文学家，精通植物生理学，英国皇家学会成员）的协助下完成的。开卷有益——读者从书中不仅可以了解到达尔文的人生经历，还可以了解他追求真理、投身科学探索的精神！

2020年9月10日

作于苏州大学

① 19世纪自然科学的三大发现包括细胞学说、生物进化论及能量守恒和转化定律。

一位德国编辑来函，想请我写一篇自传，讲一讲我的心路历程以及我的个性。我觉得这种尝试对我而言是一件乐事，或许我的子孙后代也会感兴趣的。以己度人嘛，假如我能看到我的祖父写他自己，写他的所思所想、所作所为，写他是如何工作的，哪怕只有只言片语，哪怕味如嚼蜡，我也会非常感兴趣的。我欣然从命，自述如下，全当我已魂归天国，在那儿回顾自己的一生吧。其实这也并非难事，因为我毕竟已快过完这一生，而且不必费心去琢磨自己的文风。

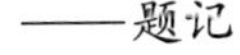
——题记

儿时杂记

1809 年 2 月 12 日，我出生在什鲁斯伯里[①]。直至四岁零几个月，我才开始记事，依稀记得我们全家曾到阿贝尔格莱[②]附近洗过海水浴。对于那时候发生的事情以及去过的地方，现在让我回忆，就比较模糊了。

家母于 1817 年 7 月辞世，当时我刚八岁多一点。说来也怪，我对她几乎什么也记不得了，只记得她临终前睡过的那张床以及她身上穿的那件黑丝绒睡衣，还记得她用的那张古里古怪的缝纫台。同年春季，我入读什鲁斯伯里的一所走读学校，在那儿待了一年。据说，我在学习上大不如我的妹妹凯瑟琳，可能是因为我太调皮，不用功吧。

---

① 英格兰什罗普郡的郡治。

② 位于威尔士北部海岸的一个小镇。

等到我到那所走读学校[①]就读时，我对博物学的兴趣逐渐变得浓厚，尤其喜欢收藏各种东西。一见到植物，我就千方百计想弄清楚它们的名称[②]。至于收藏，更是包罗万象，其中有贝壳、印章、邮票、钱币和矿石什么的。对收藏的狂热可以使人变成有条理的博物学家，也可以使人成为鉴赏家或守财奴。我的这种狂热显然是先天的，我的兄弟姊妹都缺乏这种情趣。

就在这一年发生了一件小事，此事深深地印在了我的脑海里，但愿这是因为我事后良心有愧才念念不忘吧。这件事的奇特之处在于我小小的年纪，就对植物的多变性产生了那么浓厚的兴趣！记得我当时告诉

---

① “这所学校由 G. 凯斯牧师开办，此人是高街上那座一位论派礼拜堂的牧师。我的祖母达尔文夫人是一位论派教徒，所以常到凯斯先生的小礼拜堂去，我父亲小的时候和他的姐姐们也常去。不过，他和他的哥哥受过基督教洗礼，信奉的是英国国教，稍大一点就只去英国国教的教堂，不再到凯斯先生的小礼拜堂去了。根据《圣詹姆斯报》1883 年 12 月 15 日的报道，该礼拜堂特意画了一幅壁画以示对我父亲的纪念。而今，此处已更名为‘自由基督教堂’。”达尔文之子如是说。——原注

② “根据我父亲在凯斯先生的学校就读时的校友 W. A. 莱顿牧师回忆，我父亲有一次将一朵花拿到了学校里，声称他母亲教给了他一种本事，只要看一看植物的蕊，便可知其名称。莱顿先生接着说：‘这极大地吸引了我的注意力，激发了我的好奇心，我反复问他是怎么做到的。’而他说自己反正就是知道，只是无法表达。”达尔文之子如是说。——原注

一个小男孩（我觉得应该是莱顿，此人后来成了著名的地衣学家和植物学家），说只要浇上一些染料水，就可以种出不同颜色的西洋樱草和报春花（这当然是无稽之谈，我从未做过这方面的试验）。实不相瞒，我小的时候喜欢故弄玄虚，没别的，只为了哗众取宠。例如，有一次我从家父珍贵的树木上摘了许多果子藏到灌木丛里，然后上气不接下气地跑去告诉大人，说有人偷了一堆果子，被我发现了。

刚上学的时候，我一定是个头脑非常简单的小孩。记得有一天，一个叫加内特的男孩带我走进一家糕饼店，由于店主信任他，他买糕饼时竟没有付钱。出了店门，我问他为什么没付钱，他立刻回答说："哦，你恐怕不知道，我叔叔捐了一大笔钱给这个镇子，条件是：不管是谁，只要戴上他的帽子，以一种特定的方式碰一碰帽檐，到任何一家店里买东西都不用付钱。"他说完还碰了碰帽檐，给我做了示范。随后，他又进了一家店主信任他的商店，要了一些小物件，用那种特定的方式碰了碰帽檐，当然也就没有付钱喽。我们一起从商店出来后，他对我说："如果你自己想去那家糕饼店买东西（我至今仍记得那家店的确切位置），我可以把帽子借给你。戴上这帽子，你想要什么就可以拿什么，只要用那种方式碰碰帽檐即可。"我高兴地接受了他的慷慨提议，走进店里要了几块糕饼，碰了碰帽檐便往外走。谁知店主追了过来，吓得我丢掉糕饼，没命地狼狈逃窜。我的那个虚伪的朋友加内特对我报以哈哈大笑，使得我又气又恼。

说句公道话，我小的时候还算得上一个有仁爱之心的孩子，这全归功于姐姐的教导和以身作则。有人说仁爱之心是天生的，或者说是与生俱来的品质，对此我持怀疑的态度。我很喜欢收集鸟蛋，但从来只在一个鸟巢拿走一枚蛋；只有一次例外——那一次我拿走了全部鸟蛋，不是因为鸟蛋有多大的价值，而只是出于一种故作勇敢的心理。

我对钓鱼很感兴趣，常常一连几个小时坐在河边或池塘边看着浮子。当在梅尔（姨夫乔舒亚·韦奇伍德的家）的时候，有人告诉我，我可以用盐和水杀死蠕虫，从那天起，我再也没有用过一条活的蠕虫当鱼饵，尽管我可能要以牺牲一些成功为代价。

在我很小的时候，上小学的时候，或者在上小学之前，我曾经有过残忍的行为——打过一只小狗，也可能只是想显示一下自己的力量吧。不过，我出手并不狠，因为小狗连叫也没叫。事情肯定是有的，就发生在我们家附近。那件事像一块大石头一样压在我的心上，令我久久难以忘怀——我至今还记得那桩“罪行”发生的确切地点。可能是那件往事激发了我对狗的热爱，在从此之后的很长一段时间里，这种感情越来越强烈。狗似乎知道这一点，因为我善于从它们的主人那里抢走它们的爱。

在凯斯先生的学校就读的那一年，还有一件事我也记忆犹新——给一个龙骑兵举办的葬礼。令人称奇的是，我至今还能清晰地记得那匹战马的马鞍上挂着亡者的靴子和卡宾枪，以及为亡者鸣放的枪声在墓地的上空回响那一场景。那一幕深深拨动了我的心弦，使我产生了诗意的遐想。

1818 年夏，我到巴特勒博士在什鲁斯伯里开办的那所大名鼎鼎的学校里就读，在那儿待了七年，一直到1825年仲夏,那时我已经十六岁了。我在学校里住宿，为的是让自己能够体验真正的校园生活，这对我而言是有极大好处的。可是，由于学校离我家几乎还不到一英里，我经常利用点名的较长间隙，趁着学校晚间锁门之前偷偷跑回家去。我觉得这样做，在许多方面对自己保持对家的感情和热爱是有好处的。记得刚就读那所学校时，我从家里返校时跑得飞快，生怕迟到；就因为跑得快，总体还是一帆风顺的。然而一遇到疑难，我便虔诚地向上帝祈祷，祈求上帝的帮助。现在我仍记得，我当时将自己的成功归功于祈祷，而不是自己跑得快，令我感到惊讶的是，我得到的帮助竟有如此之多。

听家父和二姐说，我很小的时候就特别喜欢一个人远足，至于当时我是怎么想的便不得而知了。我常常会变得全神贯注。有一次返校途中，我走到什鲁斯伯里周围古老的防御工事上，该处已改造成了便道，但旁边没有护墙，我不小心脚下打滑摔了下去，幸好高度只有七八英尺。然而，就在我意外地突然从高处掉落那短短的一刹那，脑海里却闪过了无数念头，数量之多十分惊人——这与生理学家所证实的产生一个念头需要一定时间的论断似乎并不相符。

若论思维发展，巴特勒博士的学校恐怕是顶顶差的地方了，因为此处抱残守缺，什么都不教，只教一些古代地理和历史。对我来说，那段时间的学校教育简直就是空白。纵观我的一生，对于任何一种语言，我都未能熟练掌握。我钟情于诗歌创作，但一直都不得意。我和许多朋友收集了大量的旧诗歌——有时候，在其他男孩的帮助下，我照葫芦画瓢，倒是可以胡诌出来几句诗。我们很注重背诵前一天所学的诗歌，在这方面我做得得心应手——利用晨祷时间，我便可以记住维吉尔[①]或荷马[②]的四五十行诗。不过，这种练习毫无用处，因为这些诗行不出两天就会被忘得精光。在那段时间里，我可不是闲着没事干——除了写诗，我还认认真真地学习古典文学，从不懈怠。这样的学习索然无味，唯一能给我带来乐趣的是我极为崇拜的贺拉斯[③]的颂歌。

当我走出校门时，学习成绩不高也不低。恐怕在家父和所有教过我的老师眼里，我是个再普通不过的孩子了，甚至可以说智力偏下。有一次深深刺痛了我的是家父对我说的一番话，他说："你干什么都不用心，就知道打猎、遛狗和抓老鼠，你自己丢人不说，还让全家人也跟着丢脸。"家父是我所知道的最仁慈的人，至今我都在全心全意地爱着他，然而他却生了那么大的气，说出那样的话，未免有点冤枉我了。

回想起那时的校园生活，即我的性格形成期，在这段时期培养的唯一会对未来大有裨益的品质便是：我不管对什么产生了兴趣，都会深入研究、多方面欣赏，投入极大的热情；针对任何复杂的课题或事情，我只要

---

① 古罗马诗人，代表作有《埃涅阿斯纪》等。

② 古希腊诗人，相传古代希腊两部著名史诗《伊利昂纪》和《奥德修纪》（统称《荷马史诗》）为他所作。

③ 古罗马诗人，代表作有《诗艺》等。

想弄明白，都会乐此不疲。一位家庭教师曾教我学习欧几里得[①]的理论，我至今仍清楚记得欧几里得的清晰的几何证明给我带来的那种强烈的满足感。我也同样清楚记得我的姨夫（弗朗西斯·高尔顿[②]的父亲）给我解释了气压计游标的工作原理后，我心里的那份高兴劲儿。它涉及不同的体验，与科学无关。我爱好阅读，并且阅读兴趣广泛，经常坐在学校厚墙壁的旧窗台上看莎士比亚的历史剧，一看就是好几个小时。我还喜欢看汤姆逊[③]的《四季》以及拜伦和斯科特[④]最近出版的诗歌。此处提及这些往事，是因为我后来竟然对所有的诗歌（甚至包括莎士比亚的诗歌）都丧失了兴趣，让人不胜遗憾。值得一提的是，在那段时间里我不但喜欢诗歌，还在 1822 年沿着威尔士边境骑行时开始对景色产生了浓厚的兴趣，而且这种兴趣比其他的任何审美享受持续的时间都长。

在那段校园生活的初期，有个男孩手里有一本《世界奇迹》，我经常借来看，还跟其他男孩子就其中一些陈述的真实性展开辩论。我觉得这本书首次激起了

① 古希腊著名数学家，所著的《几何原本》闻名于世。

② 英国著名科学家、气象学家、地理学家。

③ 英国著名诗人。

④ 拜伦和斯科特均是英国著名诗人。

我到遥远国度旅行的愿望，后来乘坐“贝格尔号”军舰出航，这一愿望得以实现。在那段校园生活的后期，我迷上了打猎，真不知有谁，哪怕是为了最神圣的事业，比我猎鸟还要痴迷。第一次打到猎物时的那种兴奋心情，我至今仍记忆犹新——我激动得手发抖，重新往枪里装子弹都非常困难了。打猎的兴趣持续了很长时间，后来我竟成了一个出色的枪手。进入剑桥大学后，我经常对着镜子练习举枪上肩的动作，从镜子里看自己的动作是否标准。还有一个更好的练习项目——我请一个朋友举着一根点着的蜡烛来回晃动，我用帽子瞄准投掷，让帽子从蜡烛上方掠过；如果投得准，气流就会使蜡烛熄灭。投掷时，帽子会发出刺耳的噼啪声。据说，学校里的辅导员曾对人讲：“真是咄咄怪事，达尔文先生似乎在他的房间里练习甩马鞭，因为我从他的窗前走过，经常听见里面有响声。”

在上中学的时候，我有许多男孩朋友，我非常爱他们——我觉得那时候自己还是很重感情的。

至于科学方面，我一直都在狂热地收集矿石，但并非为了搞科学研究，我关心的只是新命名的矿石，对于收集到的矿石也懒得分类。对于昆虫，我肯定是比较关注的。记得十岁的时候（1819 年），我到威尔士海边的普拉斯爱德华兹住过三个星期，在那儿见到一只个头很大、黑红相间的半翅昆虫，还有许多飞蛾（斑蛾属）和一只虎甲虫[①]，这些在什罗普郡是见不到的，不禁感到十分惊讶，产生了浓厚的兴趣。我几乎立刻下了决心要收集所有能找到的昆虫——我只收集死昆虫，因为我听从了姐姐的建议，觉得不应该为了收集的目的而杀死昆虫。看过怀特[②]的《塞尔伯恩自然史》后，我开始乐此不疲地观察鸟类的习性，甚至还开始做这方面的笔记。记得我当时单纯得要命，觉得每一个人都应该争取成为鸟类学家。

我的校园生活快要接近尾声的时候，我的哥哥正埋头钻研化学，他把我家花园里的工具间改造成了一间漂亮的实验室，配备有适当的仪器。我获准当他的助手，协助他进行他的大部分实验。他制造出了各种各样的气体及许多合成物。我非常仔细地研读了几本化学书，如亨利和帕克斯的《化学问答》。书里的主题使我兴趣大增。我们搞实验，经常干到深更半夜。这是我的学校教育中最精彩的一部分，因为它向我展示了实验科学的真正意义。我们搞化学实验的消息不胫而走，传到了学校里——由于这是史无前例的，我获

① 鞘翅目肉食类昆虫。

② 英国博物学家和鸟类学家，英国自然主义作家的先驱，《塞尔伯恩自然史》是其代表作之一。

得了一个绰号，叫“气体”。一次，校长巴特勒先生当众训斥了我一顿，说我不务正业，把宝贵的时间用在了无用的事情上，并且极不公正地称我为“冷漠的人”。当时我并不明白此名称的含义，只觉得他的这番斥责很可怕。

鉴于我在中学长进不大，家父便明智地叫我早早地离开了那儿，比普通孩子要早许多，把我和哥哥送入爱丁堡大学读书（1825 年 10 月）——我在那儿待了两年，或者说两个学期。哥哥学医，不过我觉得他并无悬壶济世之心，我学医则是因为父命难违。但没过多久，我不知从哪里听到一些传闻，说家父将会留给我一笔财产，这笔财产足以让我过上衣食无忧的日子，尽管我万万没想到自己竟会如此富有。我相信了这一传闻，于是在学医方面便不那么努力了。

爱丁堡大学的授课形式是讲座，除了霍普的化学课之外，全都枯燥得要命；依我看，与自己阅读相比毫无益处可言，而坏处却有许多。在冬日上午八点开始的邓肯博士的药物学讲座，想起来就觉得可怕。另一位叫什么名的博士讲授的人体解剖学，和他本人一样乏味，而且我对这门课本来就很反感。事实证明，我一生最大的不幸之一就是没有学好解剖课。当时我真应该克服反感的情绪认真学习，因为这门技能对我以后的工作大有益处。不懂解剖和不懂素描，是我无法弥补的两大缺憾。除了听讲座，我还定期到医院的临床病房实习。有些人的病情令我感到沮丧，当时的一些场景至今仍历历在目。不过，我并没有愚蠢到因此而影响自己到病房去实习。我不明白自己为什么没有对医学课程的这个部分产生较大的兴趣。其实，在入读爱丁堡大学之前的那年夏天，我就已经开始为什鲁斯伯里的一些穷人，主要是妇女和儿童，诊断病情了。我尽我所能地把病例的所有症状都写了下来，并把它们大声读给家父听。他会就如何继续问诊和如何用药提出建议，药物由我自己调配。有一次，我至少接待了十二位病人，对这项工作产生了浓厚的兴趣。家父是迄今为止我所知道的最善于识人的人，他说我一定能成为一个好医生（他的意思是会有许多人找我看病）。他认为成功的要素就是激发信心，但我不知道他究竟在我身上看到了什么，让他确信我能够建立连自己都不知道的信心。我参加过两次爱丁堡大学的附属医院进行的手术。那两台手术都非常糟糕，其中一台是给一个小孩做的，没等手术结束我就跑掉了。那以后我就没有再去过，几乎没有什么东西能够诱惑我再到那儿去；麻醉剂是在这以后很久才问世的。那两台手术给我造成的影响如阴魂一般久久纠缠着我，多年不散。

哥哥在爱丁堡大学只待了一年，所以第二年就只能靠我自己了。这倒也好，因为我结交了好几位年轻的朋友，他们都很喜欢自然科学。他们当中的一位是安斯沃思[①]，此人后来出版了《亚述[②]游记》，他是德国维尔纳[③]学派的地质学家，对许多学科都有涉猎，但浅尝辄止。科德斯特里姆博士则是一个完全不同的年轻人，他不苟言笑、循规蹈矩、笃信宗教，心地十分善良，此人后来发表过几篇质量很高的动物学方面的论文。第三位年轻的朋友是哈迪，我认为他一定会成为不错的植物学家，可惜英年早逝于印度。最后要说的是比我大好几岁的格兰特博士[④]，但是我现在已记不起当初是怎么认识他的了，此人发表过一些一流的动物学方面的文章，但后来自从在牛津大学伦敦分院当了教授之后，就在这方面止步不前了，这对我而言一直是个难解之谜。我和他很熟，觉得他很枯燥、很一本正经，后来发现他虽然不苟言笑，内心却激情满怀。一天，我们一起去散步，他忽然大发议论，对拉马克[⑤]

---

① 英国外科医生、旅行家、地理学家和地质学家。

② 古代西亚奴隶制国家，位于底格里斯河中游。

③ 德国著名地质学家、矿物学家，水成学派的创始人。

④ 英国解剖学家和动物学家。

⑤ 法国博物学家，生物学的伟大的奠基人之一，最先提出生物进化的学说，是进化论的倡导者和先驱。

及其进化论的观点大唱赞歌。我感到很惊讶，静静地听着；据我判断，他的议论对我没有产生任何影响。之前，我读过祖父的《生物原理》，观点与之大同小异，也没有对我产生任何影响。但不管怎样，早年在书中看到的那些观点以及听到的赞誉之词还是有一定益处的——后来我在《物种起源》一书中以不同的形式支持了他们的观点。当时我很崇拜《生物原理》，但隔了十年或十五年后重读，感到颇为失望，因为书里所列的所谓事实有很大一部分是臆想出来的。

格兰特和科德斯特里姆两位博士热衷于研究海洋生物学。我时常陪同前者到潮汐池收集海洋生物，并将收集到的生物小心翼翼地进行解剖。这时，我跟几个纽黑文的渔民交上了朋友，有时他们用拖网捕捞牡蛎，我就随他们一起出海，弄到了不少海洋生物标本。但由于缺乏解剖学的正规训练，还因为手头只有一台功能很差的显微镜，我的研究并不尽如人意。尽管如此，我还是有一些有趣的小发现的，并写了一篇短小的论文，于1826年初在布里尼学会[①]进行了宣读。这篇论文指出：藻苔虫的所谓卵清蛋白其实是幼虫，借助于纤毛能够独立移动。在另一篇论文中，我指出：一些微小

① 学生团体，专注于博物学研究。

的球状生物，人们都认为是墨角藻的嫩芽，其实它们是类似蠕虫的水蛭的卵囊。

我认为布里尼学会是由詹姆士教授创办的，并一直受到他的大力支持。会员们在大学的一间地下室里开会，宣读和讨论自然科学方面的论文。我经常到那儿去，因为那样的会议效果很好，能激发我的热情，还可以结识意气相投的新朋友。一天晚上，一位可怜兮兮的年轻人站起来嗫嚅了半晌，一张脸憋得通红，最后才慢吞吞地说："会长先生，我忘了自己要说什么了。"[①]那个可怜人不知所措，看上去十分慌乱，一时间所有的会员都惊呆了，谁都想不出一句安慰他的话来。会议上宣读的论文并不印刷，所以我就少了一份看见自己的论文得以印刷出来的那种得意心情。不过，格兰特博士倒是在他的回忆录里提到了我针对藻苔虫的发现。

我也是皇家医学会的会员，并经常出席会议，但议题全是关于医学的，我没有多大兴趣。大多数发言都空洞乏味，但有些人的发言十分精彩，其中发言最为精彩的是 J. 凯 – 夏特沃斯爵士，他现在仍是那儿的会员。格兰特博士偶尔会带我去参加维尔纳协会的会

① 此处指达尔文自己。

议——会员们宣读博物学方面的论文，然后进行讨论，最终刊登在协会的刊物《议事录》上。一次，我听见奥杜邦[①]宣读了一篇有关北美洲鸟类生活习性的论文，写得生动有趣，然而却对沃特顿[②]横加讽刺，这就有点有失公正了。顺便提一下，我认识一个黑人，此人住在爱丁堡，曾跟沃特顿一起去探过险，后来以制作鸟类标本为生，技术精湛。我付钱给他，请他教我学习制作标本，因为他为人友善，很聪明，所以我过去经常和他促膝聊天。

一次，伦纳德·霍纳[③]先生带我去参加了爱丁堡皇家学会[④]的会议。主持会议的是沃尔特·斯科特爵士[⑤]，他向与会者表示歉意，说自己不配担任此要职。当时，我以敬畏和崇拜的心情望着他以及会场上的一切。也可能是因为自己在年轻时参加过爱丁堡皇家学会以及皇家医学会的会议吧，几年前我倍感荣幸地当选为这两家学会的荣誉会员。如果当年有人说我有朝

---

① 法裔美国博物学家、著名鸟类画家。

② 英国博物学家和探险家。

③ 英国地质学家和教育改革者。

④ 英国爱丁堡皇家学会成立于1783年，是一个独立的、非政治性的教育学术组织，是代表英国最高学术水平的五大学术院之一。

⑤ 英国小说家、诗人。

一日会获得这些荣誉，我一定会认为那是痴人说梦，那就犹如说我有朝一日会当选为英国国王一样。

在爱丁堡求学的第二年，我听了一些地质学和动物学方面的讲座，但是觉得那些讲座乏味到了极点。它们对我的唯一影响就是：我决定在有生之年不看地质学方面的书籍，无论如何也不研究这门学科。说实在的，我以前倒是倾心于这门学科，打算以科学的态度加以研究。早在我来爱丁堡的两三年前，什罗普郡的一位非常了解岩石的老先生科顿就曾经告诉我：什鲁斯伯里有一块非常大的漂砾[①]是很出名的，俗称“钟石”；他告诉我说，只有在坎伯兰郡或苏格兰附近才有这种岩石。他郑重地对我说：即便走遍全世界，恐怕也没人能解释这么大的漂砾怎么会现身于什鲁斯伯里。他的一席话给我留下了极深的印象，使我对那块神奇的岩石遐想不已。后来，我第一次在书上看到冰川在运动时将各种岩石转移到了别处去时，内心激动极了。我为地质学的进步感到由衷的高兴。同样令我印象深刻的是爱丁堡大学地质学教授在索尔兹伯里史前巨石阵的一次现场讲座，尽管今年我已六十七岁，但我对那场

① 被冰川带到别处的大小不一的石块，常常用作识别冰川活动的标志。

讲座仍记忆犹新。他指出：沉积岩的边缘是玄武岩，两旁是坚硬的地层，四周分布有火山岩；沉积岩上有裂缝，裂缝里填满了沉淀物。他还讥笑着补充道：一些人认死理，硬是认为沉积岩原来是液态，是从地下喷出来的。想起这次枯燥的讲座，我就觉得难怪自己下定决心再也不研究地质学了。

在听讲座的过程中，我结识了博物馆馆长麦吉利夫雷先生[①]，后来他出版了一部有关苏格兰鸟类的鸿篇巨制。我经常跟他谈论博物学，谈话内容十分有趣。他对我很好，送给我一些罕见的贝壳，因为我当时在收集海洋软体动物，但不是很热衷。

这两年的暑假我都用于消遣游玩了，但身上总带着几本书，一有空就津津有味地看一看。1826 年夏，我和两位朋友背着背包长途跋涉，走遍了北威尔士。我们一般每天走三十英里，有一天还登上了斯诺登峰[②]。以前我和姐姐骑马去过北威尔士，随身带了一个仆人，仆人的马鞍包里装着我们的衣服。秋季狩猎的时候，我一般会到伍德豪斯去住在欧文先生家，或者到梅尔去住在姨夫乔舒亚·韦奇伍德（其父是伊特鲁里亚艺

---

① 苏格兰博物学家和鸟类学家。

② 位于英国威尔士北部的山峰，最高处海拔 1085 米。

术研究的奠基人）家里。对于狩猎我兴致极高，每天睡前会把狩猎鞋整理好放在床前，早上起来时一伸脚便可以穿上，连半分钟也不会浪费。记得 8 月 20 日那天去打猎，天麻麻亮我就到了梅尔猎场很远的一个地方，准备猎杀黑琴鸡。那天我跟着猎场管理员在密密的石南树丛里和欧洲赤松小树林里寻找黑琴鸡，整整转悠了一天。

整个狩猎季里我射杀的每一只鸟，我都有详细的记录。有一天在伍德豪斯狩猎，同行的有欧文家的长子欧文上尉以及他的表哥希尔少校（此人后来被册封为贝里克勋爵）。他们俩我都很喜欢，但我觉得那天自己受到了他们俩的捉弄——我每次开枪，认为击中了一只鸟时，他们俩当中就会有一个假装给枪膛上子弹，大喊大叫道："你不能把这只鸟计算在内，因为我同时也开了枪！"猎场管理员看出他们在开玩笑，于是也跟着起哄。几小时后，他们承认说是在开玩笑，但我并不觉得好笑，因为我打中了很多鸟，但不知有多少只算我的，因而无法把这些鸟算在我的清单上：我在纽扣眼里拴了根细绳，每射杀一只鸟就打一个结——那两个搞恶作剧的朋友是知道的。

我真是太喜欢狩猎啦！然而，在潜意识中我却又为自己的狂热感到惭愧，于是便想方设法安慰自己：狩猎也可以说是智力活动，因为一个猎手需要对哪儿的猎物最多做出判断，还要好好训练猎犬，而这些都必须有精湛的技巧。

1827 年，我如常在秋季去了梅尔，在那儿有幸见到了 J. 麦金托什爵士[①]。他是我所认识的人中最健谈的一个。后来令我窃喜的是，我听说他在对人谈到我时说：“那个小伙子身上有一种东西，叫我很感兴趣。”能让他这么想肯定主要是因为我当时怀着浓厚的兴趣听他说话——他谈论的话题是历史、政治和伦理学，而我对这些一无所知。受到名人的夸奖无疑会激发虚荣心，但我认为这对一个年轻人是有好处的，可以引导他踏上正途。

在以后的两三年当中，我屡次到梅尔，除了秋猎之外，别的方面也是很让人愉快的，日子过得优哉游哉。乡间景色迷人，不失为散步和骑马的好地方。傍晚时分，大家在一起欢快地交谈——这种交谈并非窃窃私语，而是所有的人聚于一处谈天说地，耳旁乐声袅袅。夏天，全家人经常坐在旧游廊的台阶上说话，前面是花园，对面的斜坡上绿树成荫，倒映在坡脚下波光粼粼的湖水中。湖中不时有鱼儿跃出水面，水鸟则在湖面

① 英国哲学家、历史学家。

上四处游弋。在我的印象中，没有比梅尔的傍晚更生动的画面了。我很依恋和崇拜乔舒亚姨夫。他沉默寡言，看起来很凶，但有时和我交谈则是那么坦率。他是个十分正直的人，有着极为清晰的判断力。我不相信世界上有任何力量能使他偏离他认为正确的道路半毫。每次想到他，我的脑海中就会想起贺拉斯的著名颂歌，具体词句我忘了，只记得有“敢于直面专横暴君的威吓”这么一句[①]。

① 贺拉斯的这首颂歌是拉丁文的：Justum et tenacem propositi virum, Non civium ardor prava jubentium, Non vultus instantis tyranni, Mente quatit solida。大概意思是：他有着坚定的信念，临危不乱，敢于直面专横暴君的威吓，敢于直对暴民的叫喊。

剑桥记事
（1828—1831年）

我在爱丁堡大学待了两学期后，家父发现，也许他是听我的姐姐们说的，我不喜欢当医生，于是便建议我当牧师。按当时的情况，我很可能最终将成为一个游手好闲的猎人，而这是他强烈反对的。对于他的建议，我请求给我点时间容我考虑一下，因为对这一职业我了解的不多，想的也不多。虽然我也喜欢当一名乡村牧师，但叫我宣誓信奉英国国教的全部教义，我还是有顾虑的。于是，我精读了《皮尔逊论教义》以及其他几本神学方面的书籍。鉴于我对《圣经》没有丝毫的怀疑，认为那里面讲的全都是切切实实的真理，于是很快就说服了自己，觉得英国国教的教义必须完全彻底地接受。

现在回想起宗教卫士对我发动的铺天盖地的攻击，我觉得自己似乎很可笑，竟然一度还有过当牧师的念头。其实，这种念头以及家父的愿望我一直都没有放弃过，直到我离开剑桥，以博物学家的身份登上“贝格尔号”军舰周游世界时，才不了了之。如果相信颅相学[①]的话，我在某方面很适合做牧师。几年前，德国一个心理学会的秘书处来信，真诚地向我提出请求，想要一张我的照片。过了一段时间，他们寄来一份会议记录，此次会议似乎要以我的头的形状作为公开讨论的主题。会议的一位发言人声称我的宗教信仰足以抵得上十位牧师。

当时，鉴于我决定要当牧师，那就必须进入英国的某所大学获取学位，可是自打我离开中学后，连一本经典的书都没有翻阅过。我沮丧地发现:在那两年中，我几乎将学到的知识忘了个精光，甚至包括那可怜巴巴的几个希腊语词，简直匪夷所思！因而，我没有按照惯例在 10 月份入读剑桥，而是在什鲁斯伯里接受私人家教授课，过完圣诞假期后于 1828 年初才到了剑桥。我很快就恢复到了学校的知识标准，能够用比较流畅的语言翻译简单的希腊语书籍了，如《荷马史诗》和希腊文《圣经》等。

学术研究方面，我在剑桥大学度过的三年时间是白

① 颅相学是脑功能定位学说的开始。

白浪费了，一如在爱丁堡大学和中学时代。我尝试想学好数学，甚至在1828年夏季还随同私人家教（一个非常枯燥乏味的人）到巴茅斯小镇埋头学习，但进度缓慢。我讨厌这门学科，主要是因为刚接触代数时不理解其中的含义。如此缺乏耐心简直愚蠢至极！多年后，我追悔莫及，怪自己没有深入下去，觉得起码也应该了解了解数学的那些极为重要的基本原理，因为懂数学原理的人似乎有第六感。不过，我觉得自己即便学懂了数学，分数也会很低的。至于古典文学方面，我不思进取，只是听一听作为必修课程的讲座而已，混一混考勤。第二年，我为学士学位的小考用功了一两个月，最终轻松过关。最后一年，为了将学士学位拿到手，我还是比较刻苦的，又是温习古典文学，又是复习代数和欧几里得理论，一如中学时那样，我对学习欧几里得理论乐此不疲。要通过学位考试，还得掌握佩利[①]的《基督教的证据》以及他的《伦理学》。对于这一点，我做得十分彻底——我敢说自己可以将《基督教的证据》准确无误地默写下来，只不过措辞用语不如佩利那般清晰罢了。多说一句，这本书的逻辑以及他的《自然神学》给我带来的乐趣一如欧几里得理论。

① 英国牧师、基督教护教者、哲学家。

对于这些学术著作，我不是死记硬背，而是融会贯通地学——这是唯一令我受益的课程，而其他的课程对我的思想教育没有产生任何影响，这是我当时的感觉，现在仍坚信如此。那个时候，我对于佩利的理论笃信无疑，并不做深入的思考——他的一长串的理论气势如虹，让我着迷和信赖。考试的时候，关于佩利的理论以及欧几里得理论的试题我都回答得很好，古典文学的试题也回答得凑合，在不申请荣誉学位的学生中排名不错。奇怪的是，我究竟得了多少分现在已经记不起来了，大概排名是第五位或第十位吧，要不然就是第十二位。[①]

学校里的好几门专业都设有公开讲座，可以自愿出席。但由于在爱丁堡大学时我对讲座深恶痛绝，此时就连塞奇威克[②]的讲座也没去听；此人妙语连珠，讲课的内容趣味性很强。假如听了他的讲座，我也许会更早成为地质学家。不过，亨斯洛[③]的植物学讲座我去听了，而且非常喜欢——他的讲座深入浅出，一词一句都清晰明了，讲座中展示的插图令人钦佩，只可惜

① 据查，达尔文在1831年1月的考试中名列第十。——原注

② 英国地质学家。

③ 剑桥大学矿物学教授，后担任该校植物学教授，达尔文的导师。

我学的不是植物学专业。亨斯洛以前常带学生去远方进行野外考察，其中包括毕业了的学生，或步行，或乘车，要不然就乘船顺流而下，见到稀有动植物便进行讲解。这样的短途旅行真是令人愉快！

现在回忆剑桥的求学岁月，我觉得自己也有一些可圈可点之处，但大体而言却是虚度光阴，甚至比虚度光阴更糟。我热衷于射击和狩猎，如果不能如愿，就跟一些喜欢运动的学生，其中包括不思进取、放浪形骸的年轻人，到乡下去骑马。我们经常在一起举办晚宴，赴宴者中经常会有志向远大的学生，有时会开怀痛饮，晚宴后则唱歌或玩纸牌取乐。我知道，这般蹉跎岁月、虚掷年华，自己应该感到羞愧才对，但是想起朋友们是那样可亲，大家的兴致是那样高，我在回顾这段时光的时候，还是禁不住会感受到内心的喜悦。

令我感到高兴的是，我还结交了许多性情完全不同的人。我和惠特利[①]成了莫逆之交，此人后来在数学学位考试中名列第一。我们俩经常一同散步，一走就走很远。他教我欣赏油画和好的版画（我还花钱买了

① 达勒姆教堂的荣誉牧师，以前是达勒姆大学自然哲学讲师。——原注

一些）。我时常参观菲茨威廉画廊——我的鉴赏力一定是相当高的，对质量上乘的画作独具慧眼，常跟老馆长在一起讨论。对于乔舒亚·雷诺兹爵士[①]的画册，我百看不厌。虽然我的艺术鉴赏力不是与生俱来的，但维持了多年。伦敦国家美术馆的许多油画为我带来了很大的乐趣；塞巴斯蒂安·德尔·皮奥博[②]的画作在我心中激荡起一种庄严肃穆的感觉。

除此之外，我还开始涉足音乐，大概是受到了我的热心朋友赫伯特[③]的影响，此人在数学学位考试中曾名列前茅。跟这些朋友交往，我常听他们用乐器演奏，渐渐对音乐产生了浓厚的兴趣。工作日散步时，我会掐准时间，赶到国王学院礼拜堂听教徒们唱赞美诗。我从中获得了莫大乐趣，有时会激动得发抖。我确信，这样的情趣并非为了装点门面，也非附庸风雅。我到国王学院听赞美诗通常都是一个人去，有时还将唱诗班的孩子请到我的宿舍里演唱。尽管我听力很差，听不出音符正确与否，也听不出音乐节拍及曲调是不是

---

① 英国艺术评论家、著名历史肖像画家，曾画过2000多幅肖像画。

② 意大利文艺复兴时期的画家。

③ 即约翰·莫里斯·赫伯特，后来当上了威尔士首府卡迪夫的乡村法官以及蒙默思郡的巡回法官。——原注

正确，但令人称奇的是，我竟然能从音乐中获得快乐。

与我在音乐上志同道合的朋友们很快就发现了我的这种情趣，有时拿我寻开心，要测试我的能力——他们演奏，要我指出有多少曲调他们演奏得比平时快或比平时慢。他们演奏的《天佑女王》对我来说简直就是折磨，怎么听也听不出来。有位仁兄的听力和我一样差，可怪就怪在他竟然还会吹一点长笛。有一次，在这样的音乐听力测试中我一举击败了他，这让我感到颇为得意。

不过，在剑桥时，我的任何一种爱好都比不上收集甲虫——我对收集甲虫的执着以及收集甲虫给我带来的快乐简直是无与伦比的。我只是热衷于收集，并不解剖研究，也很少把甲虫的表面特征与书里的定义进行比较，但是还是从书里找到了它们的名称。以下事例可以证明我的狂热程度：一天，我剥掉一些老树皮后，发现了两只罕见的甲虫，于是便双手齐下，一手捉了一只；就在这时，我又看到了一只，而且是新品种，容不得失去，于是我便将右手里抓的那只塞进了嘴里，想腾出手来。咦！那只甲虫竟然喷出了一种异常辛辣的液体，辣得我舌头疼，使我不得不吐出那只甲虫——结果，那只甲虫连同那只新品种甲虫都没能捉到手。

在收集甲虫方面，我是很成功的，而且发明了两种新办法：冬季，我雇人把老树上的苔藓用工具刮下来放入大口袋里；还雇人到沼泽地运芦苇的船上，在船的底部收集残留的垃圾。我在苔藓和垃圾里寻找到了一些极为罕见的甲虫。诗人最高兴的莫过于见到自己的处女作发表，而我看到史蒂芬的《英国昆虫图解》上标示有“该昆虫由查尔斯·达尔文捕捉”的字样，心里的那份高兴更是有过之而无不及。说起来，我是被我的第二个堂兄威廉·达尔文·福克斯引入昆虫学研究的。他聪明、平易近人，当时就读于剑桥大学基督学院，和我变得很亲密。后来，我又结识了剑桥大学三一学院的阿尔伯特·韦（若干年后，此人成了著名的考古学家）以及和他就读于同一学院的亨利·汤普森（此人后来成了著名的农学家，兼任一家优秀的铁路公司的主席和国会议员），并和他们一起出去收集甲虫。看来，收集甲虫这一爱好似乎从某种程度上预示着未来人生的成功！

令我感到惊讶的是，许多在剑桥捕捉甲虫的情景竟给我留下了不可磨灭的印象——那些我曾经捕捉过大量昆虫的柱子、老树以及河岸至今仍历历在目。那时候，漂亮的十字偏须步甲虫异常稀奇。一次，我在唐郡[①]看见一只甲虫穿过小路，觉得它是十字偏须步甲虫，但拾起来一看发现它和十字偏须步甲虫稍有不同——原来是一只四斑步甲虫，是十字偏须步甲虫的变种或近亲，二者在外形上略有差异。在那些日子里，我从没见过活的畸腭步甲虫——这种甲虫跟许多黑色甲虫都很相像，不懂行是很难区分的。不过，我的儿子们却在此地发现了这种甲虫——虽然在过去的二十年里我没有留意过英国的甲虫，但我一看就知道那是自己以前没见过的新品种。

有一件往事我尚未提及，那是一件对我的整个人生影响最大的往事，那就是和亨斯洛教授结下了友谊。未到剑桥之前，我就听我的哥哥说他知识渊博，对科学的每一个分支都精通，于是就对他产生了敬仰之心。他每星期都要举办一次晚会，敞开家门接待所有对科学感兴趣的在校生以及一些已经毕业的学生。很快，我通过福克斯的关系受到了邀请，以后就成了那儿的常客。我和亨斯洛一见如故，不久便成了忘年交。在剑桥求学的后半段时间里，大多数日子里我都跟他一起远足，因此有些老师称我是“与亨斯洛同行的人”。他还时常邀请我到他家里去吃晚饭。他对植物学、昆

---

① 爱尔兰阿尔斯特省的一个郡。

虫学、化学、矿物学和地质学无不涉猎，而且门门精通。他最大的兴趣就是长期坚持细心观察事物，最终得出结论。他判断准确、思维缜密，但恐怕没人会说他有多少与生俱来的天赋。他是极为虔诚的教徒，而且十分正统，有一次他告诉我说：英国圣公会的教义纲要哪怕改动一个字，他也会很伤心的。他的道德品质令人不胜敬佩——他没有丝毫的虚荣心或小肚鸡肠，我从没见过像他那样严于律己、宽以待人的人。他性情温和、心地善良，待人温文尔雅、彬彬有礼，但一见到任何不公正的行为则会勃然大怒，挺身而出（这可是我亲眼看见的）。

一次，我和他在剑桥街头看到了只有在法国大革命期间才会目睹的可怕情景。有两个盗墓人被抓住后，由警察送往监狱，途中却被一群暴民抢了去。暴民们抓住盗墓人的腿，在泥泞的石头路面上横拖硬拽，使得那两人从头到脚都是泥，脸上被脚踢得和石头砸得血流不止，看上去像死人一样。由于人太多，我只能偶尔瞥上一眼那两个不幸的人。见到这一暴力场景，亨斯洛气得脸色发青（我从未见过有谁会气成那个样子），几次要冲进人群解救他们，但每一次都被挡了回来。他狂奔着跑去找市长要求增加警力，让我不要跟着他。这件事别的我记不得了，只记得那两个人被送进了监狱，没有被杀死。

亨斯洛爱心无限——他晚年定居于希彻姆[①]，为当地贫苦的教民办了不少好事，由此可见一斑。跟这样的一个人亲近，我觉得益处多多，有说不尽的好处——说到这里，容我举几件小事以证明他的慈爱之心。一次，我在观察一株湿漉漉的鲜花上的花粉时，发现鲜花上有一些管状纤维突了出来，便立刻跑去向他报告这一意外的发现。换作任何别的植物学教授恐怕都会禁不住嘲笑我，笑我竟会为这么寻常的现象大惊小怪。而亨斯洛则不然——他先是说这的确是有趣的现象，接着便向我做了详细解释，让我清楚地明白这只是司空见惯的现象。这么一来，我离开他时丝毫不觉得丢人，而是感到高兴，高兴自己亲眼看见了这一奇观。不过，从此之后我下定决心再也不鲁莽行事，再也不这么匆匆忙忙地将自己的发现告知于人了。

时而去亨斯洛家拜访的客人中不乏年纪较大、德高望重的学者，休厄尔[②]博士就是其中的一个。有几次夜里离开亨斯洛家回去时，我陪他一起走过。针对严肃的话题，他可是最健谈的，与 J. 麦金托什爵士相

---

① 英国萨福克郡的一个村庄。

② 英国科学史家、科学哲学家、数学家，1841 年任剑桥三一学院院长，1842 年任剑桥大学副校长。

比是伯仲之间。亨斯洛的连襟伦纳德·杰宁斯[1]（大名鼎鼎的索姆·杰宁斯[2]和伦纳德的父亲是堂兄弟）也常来看他。此人发表过好几篇有关博物学的论文，分量都很重。我到斯沃弗姆·布尔贝克[3]他的位于沼泽边的牧师住宅去过多次，多次跟他一起散步，谈论博物学。我还结识了其他的一些长者，他们虽然不太关心科学，却是亨斯洛的朋友。其中一位是在剑桥大学耶稣学院任教的苏格兰人，是亚历山大·拉姆齐爵士[4]的弟弟，乐观开朗，但可惜并不高寿。另一位是道斯先生，此人后来成为赫里福德教堂[5]的主持牧师，因成功地致力于贫民教育而闻名。这些人以及其他一些同样有身份的人有时会跟亨斯洛一起到乡下远足，我有幸获准参加，从中感受到了极大的快乐。

回想起来，我觉得自己与别的小青年相比一定强一些，要不然，以上提及的那些长者，那些在学术界身居高位的人，是绝对不愿意跟我交往的。当然，我

① 杰宁斯先生（现名“布洛姆菲尔德”）曾为“贝格尔号”军舰的《动物学考察日志》撰写过关于鱼类的词条，并且连篇累牍地发表过主要是动物学方面的相关论文。——原注

② 英国艺术史学家。

③ 距离剑桥市 8 英里的一个村庄。

④ 英国皇家海军军官。

⑤ 位于英国赫里福德市的著名教堂。

自己并不觉得高人一等。记得有一位叫特纳的狩猎伙伴看到我研究甲虫，就说我早晚有一天会成为皇家学会的会员，我当时觉得这说法荒唐而可笑。

在剑桥的最后一年，我满怀兴趣地仔细阅读了洪堡[①]的《个人述事》以及约翰·赫歇尔爵士[②]的《自然哲学研究导论》，内心不禁激情澎湃，决心要为无比高尚的自然科学贡献自己的微薄之力。任何一篇或十篇别的读物恐怕都不及这两篇读物对我的影响大。在洪堡的书里，有很大篇幅是写特内里费岛[③]的，我特意抄录了下来，在上文提到的一次远足中为大家朗读了一遍。记得在这之前，我曾对亨斯洛、拉姆齐和道斯他们谈起过特内里费岛，说那儿是洞天福地，他们当中还有人宣称一定要去一趟。谁知这次朗读洪堡的描述，他们却似乎不太感兴趣。而我自己倒是实心实意地想到那儿去，还托人给我介绍了一个在伦敦的商人，向商人打听到那儿去的船只。可是后来由于跟着“贝格

---

① 德国著名自然科学家、自然地理学家，近代气候学、植物地理学、地球物理学的创始人之一。

② 英国著名天文学家、数学家、化学家及摄影师，天文学家威廉·赫歇尔的儿子。

③ 特内里费岛是西班牙位于靠近非洲海岸大西洋中的加那利群岛七个岛屿中最大的一个。

尔号”军舰出航，这项计划就泡汤了。

在暑假里，我收集甲虫，有时读书，并进行短途旅行。在秋季，我把所有的时间都用在狩猎上了，主要是到伍德豪斯和梅尔去狩猎，有时是跟艾顿家的小艾顿一起去。在剑桥度过的那三年是我人生中最快乐、最开心的三年，身体健康，并且几乎总是心情愉快。

鉴于我是在圣诞节之后才入学的，虽然在1831年初通过了期末考试，但按规定还得在剑桥再待两个学期。亨斯洛说服我开始研究地质学。于是，我回到了什罗普郡，考察那儿的地貌，为什鲁斯伯里附近的地区绘制了彩色地图。8月初，塞奇威克教授打算去北威尔士进行他著名的地质学调查，研究那儿古老的岩石。亨斯洛让他把我也带上。他同意了，当晚就住在了我们家。①

这天晚上，我们俩进行了简短的谈话，而这次谈话给我留下了深刻的印象。我曾经考察过什鲁斯伯里

---

① “关于这次考察，父亲时常提到一段关于塞奇威克的往事：一天上午，他们离开客栈，才走了一两英里，塞奇威克就突然停了下来，说要拐回客栈去——他给了侍者6便士，托他转交给打扫房间的女服务员，他敢肯定那个‘该死的坏蛋’绝对没有交。最后，经过劝说，他放弃了这一打算，自己也觉得没理由怀疑那个侍者背信弃义。”达尔文之子如是说。——原注

附近的一个砾石坑，那儿有个工人告诉我，说他在坑里发现了一个大的、破破烂烂的热带蜗壳；在农村的烟囱上，这种蜗壳随处可见。我要买，他却不肯卖给我；我由此断定，那蜗壳的确是他在坑里发现的。我把此事讲给塞奇威克听时，他立刻说（语气非常坚定）那蜗壳肯定是哪个人随手扔进坑里的，但接着又说：假如那蜗壳果真是在坑里的土层中发现的，那将是地质学的最大憾事，因为它会一举推翻有关米德兰郡地表沉积物的所有论断。其实，这些砾石坑属于冰川时期——多年后，我在坑里找到了一些破碎的北极贝壳。不过，当时让我觉得极为惊讶的是，塞奇威克对在英国中部发现热带蜗壳这样奇妙的现象并没有感到振奋。虽然我读过不少科学书籍，但没有什么比这件事给我的启示更深刻了：科学是将确定的事实组合在一起，从中总结出普遍规律或推论。

次日早晨，我们出发前往兰戈伦，接着又去了康韦古城、班戈和凯珀尔克里格[①]。这趟旅行对我有着决定性的意义，它教会我一些关于如何辨认和标识一个地区的地质的知识。塞奇威克经常吩咐我与他以平行的路线行走，告诉我带些岩石样本回来，并在地图上标记层理。

---

① 这些地方均为威尔士的城镇或村庄。

我毫不怀疑他这么做是为了我好，因为我完全外行，给他帮不上什么忙。这趟旅行让我明白了一个道理：有些现象无论多么明显，也往往容易被人们所忽视。我们在科乌木伊德沃[①]逗留了好几个小时，仔细地检查那里所有的岩石——塞奇威克想从中找到冰川化石。可是，我们没有看到周围壮丽的冰川现象所留下的痕迹，没有留意到冰川在岩石上留下的明显划痕，也没有留意到坡栖砾石、侧碛和终碛。这些现象是如此明显，就如我许多年后在《哲理学刊》(《哲理学刊》，1842 年）发表文章时所说的那样：在那座山谷里，冰川现象极为明显，比着火的房屋还要醒目。即便当时有冰川填满了山谷，也不会比我们眼前的现象更明显了。

我和塞奇威克在科乌木伊德沃分手，凭着罗盘和地图笔直穿越山区走向巴茅斯，除非有小径和我走的路的方向相同，否则我绝不走小径。所经之地既陌生又荒凉——我很喜欢这样的旅行方式。到了巴茅斯，我看望了几位正在那儿读书的剑桥校友，然后就返回什鲁斯伯里，随即前往梅尔打猎——当时，山鹑狩猎季刚刚开始，要让我放弃打猎的乐趣，一门心思研究地质学或别的科学，那我觉得自己才是疯了。

---

① 威尔士第一个官方认可的国家自然保护区。

随“贝格尔号”军舰出航
（1831 年 12 月 27 日—1836 年 10 月 2 日）

北威尔士短期地质学探索的旅程结束后，我回到家中，看到了一封亨斯洛的来信，说“贝格尔号”军舰的舰长菲兹－罗伊愿意带一位年轻志愿者，作为博物学家，随军舰做环球考察，义务协助他工作，和他同住舰长舱里。对于这件事的始末，我在航海日志里有详细记载。在此，我只是想说我当时立刻就表现出了浓厚兴趣，打算接受这个邀请，但遭到了家父的强烈反对。幸好他留了一句话：“假如你能找到任何一个有见识的人建议你参加，那我也会同意。”记得我当晚写信谢绝了随舰出航的邀请。第二天早上，我去了梅尔，为 9 月 1 日的狩猎做准备。当我外出狩猎时，我的姨夫（乔舒亚·韦奇伍德）派人来找我，提出要开车跟我一起去什鲁斯伯里，找家父好好谈谈，因为他认为接受舰长的邀请才是明智之举。家父一直都觉得乔舒亚·韦奇伍德是天下最有头脑的人，于是就高高兴兴地同意我去了。我在剑桥求学时花钱如流水，此时便对家父说了句宽心话："到了'贝格尔号'军舰上，我一定会聪明些，争取不超支。"而他笑了笑说："据说你非常聪明。"

次日，我到剑桥去看望了亨斯洛，然后到伦敦拜访了菲兹-罗伊。所有的一切很快就安排妥当了。后来，我跟菲兹-罗伊熟稔了，这才听他说我差点儿被拒之门外，原因竟然是他没看中我的鼻形！他是拉瓦特尔[①]的狂热信徒，深信可以从人的外貌判断性格——他怀疑有我这样鼻子的人是否有足够的精力和决心参加这次航行。不过，我认为他后来还是后悔了，觉得他对我的鼻子判断有误。

菲兹-罗伊性格独特，有许多高贵品质：恪尽职守、慷慨大度、勇敢无畏、意志坚强、不屈不挠、对麾下的水手热情似火。对于那些他认为值得帮助的人，他会两肋插刀，不惜赴汤蹈火。他相貌堂堂、举止高雅、彬彬有礼。里约的牧师说他很像他的舅舅——大名鼎鼎的卡斯尔雷勋爵[②]。不过，论相貌，他在很大程度上

① 瑞士牧师、神学家。
② 英国外交大臣，英国历史上最著名的外相之一。

遗传了英王查理二世的基因——沃利克博士给我看过他拍摄的一组照片作品，我惊奇地发现照片上有一个人长得酷似菲兹－罗伊。我看了看那人的名字，发现是阿尔巴尼伯爵——查理二世的后裔索比斯基·斯图尔特。

菲兹－罗伊的脾气真是再糟糕不过了，一般来说，清晨是他脾气最坏的时候。他有一双鹰眼，军舰上只要有不对劲的地方都难逃他的眼睛，都会惹得他无情地发泄怒火。他对我很好，但虽然关系好却很难与他亲密相处，尤其是两人同处一室，互有碰撞。我们发生过几次口角，例如，军舰刚一抵达巴西的巴伊亚州[①]，他便为奴隶制辩解，并大唱赞歌，而我对奴隶制度深恶痛绝。他告诉我，说他刚去拜访了一位大奴隶主，奴隶主将他的许多奴隶叫到跟前，问他们是否快乐，是否想获得自由，结果所有的奴隶都回答说："不想！"我接着问他，也许脸上挂着嘲笑：奴隶们当着主人的面那样回答，又有什么价值呢？这番话使他勃然大怒，说我怀疑他的话，于是声称无法再跟我住在一起了。我心想，这下子我得被迫离开军舰了。谁知由于他把大副叫来，当着大副的面责骂我，以发泄胸中

---

① 巴西的26个州之一，地处巴西东北部。

的怒火，使得这件事很快传开去。枪械室的全体船员邀请我跟他们一起住，这叫我大为感动。不过，几个小时之后,菲兹-罗伊就表现出了平时的那种宽宏大量，派了一名军官代表他来向我致歉，并请求我继续和他同住一室。

论性格，他在许多方面都称得上我见过的最高尚的一个人。

随“贝格尔号”军舰出航考察是我一生中最重要的事件，决定了我的整个职业生涯，而其中起着决定性作用的却是几件小事——我的姨夫驱车三十英里带我回什鲁斯伯里劝说家父，这样的姨夫少之又少；而我的鼻子外形这样的小事差点儿使这趟考察泡汤。我一直觉得这趟考察对培养和训练我的思维能力而言，实在是启蒙教育。通过这次考察，我深刻了解了博物学的几个分支，虽说我的观察力历来都很不错，但这次考察使得我的观察力更上了一层楼。

对所有拜访过的地方，考察当地的地质是至关重要的，其中要用到逻辑推理。刚开始考察一个新区域时，杂乱无章的石头会令人茫然不知所措。不过，只要通过记录多个地点的岩石以及化石的层理和性质，进行推断和预测，便可知其他地点的地质状况，很快就能了解整个区域的情况——如此，该区域的构造或多或少就变得可以理解了。我随身带着莱尔[①]的《地质学原理》的第一卷，途中仔细研究。这本书在许多方面都对我帮助很大。我们的第一个考察地是佛得角群岛[②]的圣地亚哥。考察时，我发现莱尔研究地质学的方法，与其他任何一个地理学家相比，从论著的角度而言，无论是我以前读过的还是以后读过的，都远远高出一筹。

我还有一项任务，那就是收集各种动物的标本，对许多海洋生物进行大致的解剖和简要的描述。但由于自己绘图能力不足，解剖学知识欠缺，尽管我在考察途中做了大量笔记，但几乎都没有派上用场。因此，大量的时间都被浪费掉了。不过，我对甲壳纲动物却有了一定的了解——几年后撰写有关蔓足纲[③]的专著时，这些知识派上了用场。

每天我都会抽点时间写航海日志，煞费苦心地、生动地描述自己的所见所闻，这是一种很好的练习。而且，我把日志的一些内容写在家书里，一有机会就

---

① 英国著名地质学家，地质学鼻祖，对地质学的发展做出过卓越的贡献。

② 主要由南北两列火山岛群共 15 个岛屿组成，以佛得角的首都所在的圣地亚哥岛最大。

③ 甲壳动物亚门的一纲。

会把其中的一部分寄往英国。

以上提及的各种特殊研究与我在途中所培养出的精力充沛、勤奋以及全神贯注于我所从事的任何事情的良好习惯相比，就小巫见大巫了。我会把心里所想的以及从书中所看到的，直接跟眼睛所见的，或者可能会见到的，联系起来——这种思维方式在五年的航行考察中持续产生着作用。我坚信自己所取得的任何科学成就都归功于这种训练。

如今回首往事，我清楚地看到：由于热爱科学，我的其他所有的兴趣和爱好都逐渐退居二线了。头两年，我对射击的兴趣可以说几乎未减，见了鸟儿和动物就射杀，作为收藏。可是，逐渐地我摸枪的时间越来越少，最终索性把猎枪给了我的仆人，因为射击干扰了我的工作，尤其是妨碍了我弄清楚一个国家的地质结构。我无意中发现：观察事物和进行推理给我带来的快乐要远远大于体育运动。通过在航行中我从事的工作，我的头脑成熟了许多，无愧于家父的一句评语，他可是我所见过的观察力最敏锐的一个人，一个怀疑一切、根本不相信颅相学的人。航程结束后，他一见到我就转过身对我的姐姐们说："瞧，他的头形大大变了样！"

下面再讲讲出海考察的事情。1831 年 9 月 11 日，我陪同菲兹－罗伊到普利茅斯[①]匆匆看了看“贝格尔号”军舰，然后回什鲁斯伯里跟家父及姐姐们告别。10月24日，我又返回我在普利茅斯的住处，在那里一直待到12月27日，在那一天，“贝格尔号”军舰终于起航，离开了英国口岸，开始了环球旅行。这期间，我们在早些时候两次试图起航，但每一次都被暴风吹了回来。在普利茅斯的那两个月，我虽然也有事干，以各种方式消磨时光，但那两个月是我一生中情绪最低落的时期。一想到要长时间地跟亲人和朋友天各一方，我就觉得十分沮丧，甚至觉得天气也有一种难以用语言表达的阴郁。而且，我感到心悸和心口疼，于是就跟许多无知的年轻人一样（尤其是对医学一知半解的人），确信自己有心脏病。我没有咨询任何医生，因为我完全能猜到医生会做出我不适合这次航行的诊断。我已经铁了心，就是天塌地陷也非去不可。

其实，我没必要在此叙述途中所发生的事件，没必要描述我们所到的地方以及所做的事情，因为我在已出版的航海日志里有详尽的叙述。此时此刻，热带地区那葱茏的草木浮现在我的脑海中，比其他任何事物都要生动；巴塔哥尼亚大沙漠[②]以及火地岛那森林覆

① 英国港市。位于英格兰西南部，临英吉利海峡。

② 位于阿根廷南部，气候条件恶劣，素有“风土高原”之称。

盖的群山让我想起来就热血沸腾，它们给人一种崇高的感觉，给我留下了难以磨灭的印象。看见赤身裸体的土著生活在他们故乡的土地上，是件令人永远无法忘怀的事。我曾多次骑马或乘舟穿越荒无人烟的地区，一走就是好几个星期，这些都是极为有趣的经历。途中困难重重、险象环生，当时几乎成了无法跨越的障碍，但经历之后却完全不算什么了。回顾自己所从事的科学考察，我感到十分满意——比如破解珊瑚岛的疑团，搞清楚某些岛屿，如圣赫勒拿岛[①]的地质构造。值得一提的是，我还发现了加拉帕戈斯群岛[②]上动植物之间的奇特关系，以及它们与南美洲居民之间的关系。

我对自己的评价是：在航行期间，我工作时尽了最大的努力，一是因为我对考察乐此不疲，二是因为我十分渴望能为浩瀚的自然科学宝库增添些许新的材料。不过，我也有自己的野心，想在科学界占有一席之地——至于这份野心比我的同行的大还是小，我就无从得知了。

圣地亚哥的地质很异乎寻常，但也很简单：以前流经海床的熔岩流，是由新近成熟的贝壳和珊瑚组成，

① 位于南大西洋的一座火山岛，隶属于英国。

② 亦称科隆群岛。太平洋东部的火山群岛，隶属于厄瓜多尔。

熔岩流将其熔解，转化为坚硬的白色岩石。后来，整个岛屿的位置升高。但我从白色岩石的线条发现了一个重要的现象：火山口附近后来曾有沉淀，而火山处于活跃期，不断有熔岩流出。我突然产生一个想法，觉得自己或许可以写一本书，专门介绍我们游览过的不同国家的地质状况——这一想法让我心潮澎湃，喜悦盈怀。对我来说，那是一个值得纪念的时刻。至今我仍能确切地记得当时的情景——我脚下是一道矮矮的熔岩峭壁，烈日当头，附近有几株不知名的沙漠植物，我脚下的潮汐池里有一些活珊瑚。在航程的后期，菲兹-罗伊要求看一看我的日志，看过一部分内容后便说有出版的价值——这下子就有两本书可以期待了！

我们的航行快结束时，我在阿森松岛[①]收到了一封姐姐的来信，信中说塞奇威克去找过家父，他说我应该在顶尖的科学家中占有一席之地。我当时不明白他是如何知道我所取得的成就的，但是我听说（我认为是后来才听说的）亨斯洛在剑桥哲学学会宣读了一些我写给他的信件[②]，又印刷出来供朋友们私下传阅。我

① 位于南大西洋的英国海外领地，全境包括一座主岛以及若干附属礁岩。

② 此次会议于 1835 年 11 月 16 日举行。我的信被印刷成一本 31 页的小册子，分发给学会的会员。——原注

寄给亨斯洛的骨化石也引起了古生物学家的密切关注。看过姐姐的来信，我连跑带跳地登上阿森松岛的高山，激动得挥动地质锤，将火山岩敲得梆梆响。这一切说明我是怎样雄心勃勃。但这么多年过去了，我可以说句心里话：我虽然高度看重像莱尔以及胡克这些人对我的赞扬，因为他们是我的朋友，却不太在乎公众的评价。我并不是说公众的评价高或者我的书销量好，我没有为之感到非常高兴，而是说一时的快乐只是过眼烟云。我坚信自己从未因为要获取名誉而稍稍偏离过自己的奋斗目标。

返回英国——喜结良缘
（1836 年 10 月 2 日—1839 年 1 月 29 日）

我虽然偶尔生病，浪费了一些时间，但这两年零三个月是我一生中最活跃的时期。我曾多次往返于什鲁斯伯里、梅尔、剑桥和伦敦城之间，最终在 1836 年 12 月 13 日定居于剑桥菲茨威廉街。我所有的收藏品都集中在那儿，由亨斯洛照管。我在此处居住了三个月，在米勒教授的协助下对自己收集的矿物和岩石进行了鉴定。

我动手整理自己的航海日志。这件工作并不难，因为我的手稿写得很细致——我的主要工作是将自己比较有趣的科学考察结果进行摘要。应莱尔的要求，我还将对智利海岸海拔高度的观察写了一篇小论文，寄给了地质学会（见《地质学会会刊》1838 年第 2 期，第 416—449 页）。

1837 年 3 月 7 日，我搬到伦敦的大马尔伯勒街，在那儿住了近两年，结婚后才离开。在这两年里，我整理完了航海日志，将其中的几页在地质学会开会时进行了宣读，然后便开始着手写《地质观测》一书，并忙于出版《“贝格尔号”军舰的动物学考察日志》。6月，我开始整理有关《物种起源》的第一本笔记，动手撰写《物种起源》一书，并在以后的二十年里一直笔耕不辍。

在这两年里，作为地质学会的名誉秘书，有时我会到学会露露面。我倒是经常跟莱尔见面。他有一大优点，那就是能够对别人的工作表现支持的态度。记得我回到英国时，跟他讲起我对珊瑚礁的看法，他表现出了浓厚的兴趣，这叫我惊喜万分，他的这一举动大大激励了我。他的建议以及他所树立的榜样对我产生了深远的影响。这段时间，我也经常见罗伯特·布朗——我常在星期天早晨他吃早饭时去拜访他，在他那儿坐坐。他口若悬河，滔滔不绝地谈论丰富多彩的科学发现，发表敏锐的评论，但涉及的几乎都是些小问题——至于科学界的大是大非，他从不和我谈论。

在这两年里，我外出短途旅行过几次以放松身心，最远的一次是去格伦罗伊的平行道路①。回来后，我写

① 格伦罗伊是苏格兰国家级自然保护区，该区内有一条冰河消退的路线，与人工道路平行，由此得名“格伦罗伊的平行道路”。

了一篇格伦罗伊平行道路的考察报告，发表于《哲学汇刊》(1839年,第39—82页)。那篇文章是一大败笔，真是叫我无地自容。在南美洲，我曾观察到了陆地上升的现象，留下了深刻的印象，于是就把格伦罗伊的平行道路归于海洋运动的产物。可是，当阿加西提出了他的“冰川湖理论”后，我就只好放弃自己的观点了——之前，由于当时的知识范围有限，没有人对“平行道路”现象做出解释，我才提出了“海洋运动”之说。那次错误给我上了很好的一课：从事科学研究，万不可信奉“互斥原理”。

由于自己不用全天候投身于科学，我在那两年里读了许多杂书，其中包括一些玄学方面的(不过，我不太适合读这种书)。大约在这个时期，我喜欢上了华兹华斯[①]以及柯勒律治[②]的诗，可以毫不夸张地说把《远游》[③]看了两遍。在这之前，我最喜欢的是弥尔顿[④]的《失乐园》——随“贝格尔号”军舰环球旅行时，鉴于只能带一本诗集，我便选择了《失乐园》。

---

① 英国浪漫主义诗人，1843年被封为英国“桂冠诗人”。

② 英国诗人、文艺评论家，英国浪漫主义文学的奠基人之一。

③ 华兹华斯的长诗。

④ 英国诗人、政论家，他的《失乐园》与荷马的《荷马史诗》、但丁的《神曲》并称为西方三大诗歌。

结婚，定居于上高尔街——举家离开伦敦，定居于唐郡（1839 年 1 月 29 日—1842 年 9 月 14 日）

在伦敦居住的那三年零八个月，与我一生中其他同样长的时间段相比较，我也同样忙碌，但科学研究却做得少了。这是因为身体经常感到不适，还生了一场大病，病了很长时间。一旦身体好了，能做事了，我就写《珊瑚礁》，把大部分时间都投在了上面，在婚前便开始撰写，并于 1842 年 5 月 6 日修改完毕。此书虽然是本小书，却让我苦干了二十个月，因为我必须查阅每一部关于太平洋岛屿的著作，参考了许多幅航海图。该书在科学界受到了高度评价，书中阐述的理论我想已经得到了广泛认可。

与我的其他书相比，该书推理的成分极大——书中的整个理论体系构建于南美洲的西海岸，那时我连真正的珊瑚礁见都没见过。因而，我只能通过仔细观察活珊瑚礁来证实和扩展我的观点。不过，值得一提的是，在这之前的两年里，我持续关注的是南美洲陆地间歇性的上升以及沉淀物的剥蚀和沉积对海岸所产生的影响。这势必会让我把大部分的注意力放在陆地的沉降所产生的影响上，于是也就很容易联想到陆地的上升是珊瑚的向上生长造成的，而非沉淀物的持续沉淀所造成的。为了构建这套理论体系，我提出了“堡礁”和“环状珊瑚岛”之说。

在伦敦居住期间，除了撰写有关珊瑚礁的论著之外，我还在地质学会宣读了我的几篇关于南美洲漂砾的论文（见《地质学会会刊》1842 年第 3 期）、关于地震的论文（见《地理纵横》1840 年第 5 期）、关于霉菌蚯蚓形成的论文（见《地质学会会刊》1838 年第 2 期）。除此之外，我还持续关注《“贝格尔号”军舰的动物学考察日志》的出版情况。与此同时，我也没有中断收集关于物种起源的资料（生病期间干不了别的，我有时就查这方面的资料）。

1842 年夏天，我身体好了些，比平时有了些气力，于是就独自去了一趟北威尔士，去观察昔日彼处所有大峡谷里的古老冰川所留下的痕迹，回来后写了一篇小论文，发表在《哲理学刊》（《哲理学刊》，1842 年）上。这次远足使我心潮澎湃，而之后，由于身体欠佳，我再也无法攀高山、走远路了，而这些是从事地质考察工作所必需的。

刚到伦敦定居的时候，我身体还不错，还能参加一些社交活动，经常跟几位科学家见面，会晤会晤某些名人。对他们当中的一些人，我说的话虽然没有多大价值，却给他们留下了彬彬有礼的印象。

无论是婚前还是婚后，我和莱尔见面都见得最多。我觉得他头脑清晰、为人谨慎，能够做出合理的判断，也很有独创性。每当我针对地质学向他发表自己的看法，他都会直至彻底弄清整个情况才罢休，常常会使我看问题看得比以前更加透彻。他对我畅所欲言、直言不讳，常常对我的观点提出所有可能的反对意见，即使这些理由都不成立，他也会在很长一段时间内持怀疑态度。他还有一个特点，那就是诚心诚意地支持其他科学家的工作（关于这些情况，详见 1881 年 4 月《回忆录》写完几年之后所增加的有关莱尔的注释）。

“贝格尔号”军舰返航之后，我向他解释了我对珊瑚礁的看法。我的看法跟他的观点相左，然而他却表现出了浓厚的兴趣，这叫我颇感意外，也深受鼓舞。他痴迷于科学，对科学抱有极大的热忱，十分关注人类未来的进步。他心地善良、胸襟宽阔，对宗教信仰持开放态度，认为信仰宗教与否是个人的自由，而他本人是一个坚定的有神论者。他是个极其坦率的人，虽然曾经因为反驳拉马克的学说而声名鹊起，但上了年纪后却信奉起了“沉降理论”。在谈到守旧派地理学家反对他的新观点时，他提醒我，说我在许多年前曾对他说过这样的话：“要是每个科学家一到六十岁便死就好了，如若不然他就会反对所有新的学说。”不过，他希望自己能长命百岁。

我觉得莱尔对地质学的贡献要大于历史上任何一位科学家。当我乘坐“贝格尔号”军舰远航时，独具慧眼的莱尔跟所有其他的地质学家一样，那时信奉的是“连续灾变理论”，他建议我看一看已经出版的《神圣原理》[1]的第一卷，对于书中的观点，他是不接受的。他竟以这样的方式谈及《神圣原理》，实在与众不同！回想起来，令我感到自豪的是，我把佛得角群岛的圣地亚哥列在了第一位，我曾对该地做过地质调查，这也使我确信莱尔的观点大大优越于任何其他著作中所主张的观点。

莱尔的著作影响巨大，这一点能明显地从法国和英国的科学不同程度的进步中看出来。如今，人们已

① 《神圣原理》的作者拉克唐修是古罗马帝国杰出的基督教护教士，《神圣原理》是他最重要的著作。书中一方面对异教徒的宗教与哲学做了系统的批判，另一方面对基督教做了比较完整的解释，是基督教与古典文化的一种结合。

经淡忘了埃利·博蒙特漫无边际的假设，如“高地火山口学说”以及“高地地平线学说”（后一种假设我曾听塞奇威克在地质学会大力鼓吹过）——这些恐怕在很大程度上得归功于莱尔。

我跟罗伯特·布朗也经常见面，洪堡称他为“轻松自在的王牌植物学家”。我觉得他最大的特点就是观察事物非常细致，判断十分准确。他知识渊博，但由于害怕出错，很少发表议论，将满肚子的知识都带进了棺材里。他对我倒是毫无保留地倾吐了自己的知识，但在某些方面却极力守护。“贝格尔号”军舰远航前，我曾去看过他两三次。记得有一次他让我用显微镜观察东西，并让我描述看到了什么。经过观察，我看到了某样东西，估计是某种植物细胞原生质的奇妙流动。于是我就问他那是什么，而他则说：“这是我的一个小秘密。”

在日常生活中，他却能做出最慷慨的举动。暮年时，他身体欠佳，已经不适合进行任何运动，可是他每天都要去看望（据胡克说）一个住在远处的老仆人（此人靠他赡养），为老仆人读书解闷。这也就足以弥补他在科学研究上的任何吝惜或狭隘的作为。

在这里，我可以提一提偶尔见面的其他一些优秀人物，但关于他们，值得一说的事情却很少。对于约翰·赫歇尔爵士我深怀敬意，曾到他好望角漂亮的家中和他一道愉快地进餐，后来还到他在伦敦的家中吃过饭，并和他在其他的一些场合碰面。他话不多，但说出的话每一句都值得一听。

一次去R.默奇森爵士[1]家吃早饭，我与杰出英才洪堡见面，他希望跟我见面——这对我是极大的荣幸。见到这位了不起的人物时，我感到有点失望，也可能是因为我的期望太高了吧。对于那次见面，我记忆模糊，只记得他兴致很高，说了许多话。

X[2]。回首往事，我想起了巴克尔[3]——我在亨斯利·韦奇伍德[4]家见过他。令我感到非常高兴的是，我从他那儿学到了收集资料的秘诀。他告诉我，他把自己看过的所有的书都买到手，并将他认为可能对他有用的每一本书中他认为可能对他有用的资料都做了索引，这样，凭借着过目不忘的记忆力，他就可以记起他所看过的书里的内容。我问他，最初他是怎样判断哪些资料用得到的。他回答说他不知道，只是靠着本

---

① 英国地质学家。

② 这里省略了一段关于X的段落。达尔文之子如是说。——原注

③ 英国历史学家。

④ 达尔文的表兄，英国词源学家。

能的指引去做。正是凭借这种做索引的习惯，他才能够收集到关于各种主题浩如烟海的资料，这些资料可见于他撰写的《文明史》。他的《文明史》妙趣横生，我读了两遍，但是怀疑他的概论是否有价值。巴克尔说起话来滔滔不绝，我只是听，几乎一句话也不说——他口若悬河，中间没有停顿，我就是想插话也插不成。法勒夫人开始唱歌时，我从座位上一跃而起，说我想去听她唱歌。我走开后，巴克尔跟另一位朋友攀谈起来，说道："那么，读达尔文先生的书比跟他交谈强多了。"这句话是我哥哥无意中听到的。

我还结识了几位杰出的文学家，其中就有悉尼·史密斯[1]——我是在迪安·米尔曼[2]家见到他的。他诙谐幽默，说话妙语连珠。也许，部分是因为大家期待他说出风趣的话。记得当时他谈到了年纪已经非常大的科克女士，说科克女士听了他的一次慈善布道后深受感动，向朋友借了一枚金币放在了捐款盘里。他对我说道："人们普遍认为我亲爱的老朋友科克女士被忽视了。"根据他说这话时的语气和神态，毫无疑问指的是他那位亲爱的老朋友被魔鬼忽视掉了。他是如何能传

① 英国作家、牧师。

② 英国历史学家。

达出这层意思的，我就不得而知了。

一次，我去历史学家斯坦诺普勋爵家吃晚饭时遇见了麦考利。当时在座的还有一位客人，由于人不多，我有一个很好的机会能聆听麦考利说话，我觉得他是个非常友善的人。他话不太多，态度随和，允许别人随时转换话题，这样的一个人确实不可能说话太多。

麦考利记忆力惊人，记的东西既准确又全面。对此，斯坦诺普勋爵有一次给我举了一个小小的奇特的例子加以印证：很多历史学家过去时常在斯坦诺普勋爵家中聚会，讨论各种各样的话题，他们有时会和麦考利持不同见解，以前往往会通过参考某本书判断孰是孰非；但后来，斯坦诺普勋爵注意到，再也没有哪一位历史学家费那一番周折了，因为麦考利的话就是最后的定论。

另有一次，我到斯坦诺普勋爵家参加一个有历史学家和其他文学家参加的聚会，他们当中有莫特利[①]以及格罗特[②]。午宴后，我和格罗特到志奋领公园散步近一个小时。我对他谈话的内容很感兴趣——他待人纯真，丝毫也不矫揉造作，令人心情愉悦。

① 美国历史学家。

② 英国历史学家，伦敦大学创办人之一。

很久之前，我偶尔和斯坦诺普老伯爵，也就是历史学家斯坦诺普勋爵的父亲，共进晚餐。老伯爵是个怪人，我虽然不怎么了解他，但很喜欢他。他为人坦诚、友善、随和。他轮廓分明，皮肤是棕色的，我见他时，他老穿一身棕色衣服。一切别人认为完全不可信的东西，他好像却笃信无疑。一天，他对我说："你何不放弃无聊乏味的地质学和动物学，多研究研究神秘学！"斯坦诺普勋爵，当时是马洪勋爵，听了父亲对我说的话之后，似乎很震惊，而他迷人的妻子却觉得很有意思。

最后，我还要提一提卡莱尔[①]。此人我在我哥哥家见过几次，还在我自己家里接待过两三次。他的谈吐十分生动，而且妙趣横生，一如他的写作，不过有时话太多，会针对某个话题滔滔不绝。记得有一次在我哥哥家里吃晚饭，请了几位客人，其中除了他，还有巴比奇[②]和莱尔，我喜欢跟这两人交谈。卡莱尔话匣子一打开便口若悬河，在整个晚饭期间大谈特谈沉默的好处，让别人无从插嘴，只有听的份儿。晚餐结束后，巴比奇以一种极为严肃的态度，对卡莱尔表示感谢，感谢他给大家上了一堂非常风趣的关于"沉默"的课。

---

① 英国散文作家和历史学家，1865 年任爱丁堡大学校长。

② 英国数学家。

卡莱尔几乎逢人便嘲笑。有一天在我家中，他把格罗特的专著《历史》称为“一个散发着恶臭的泥沼，没有任何灵性”。在他的《回忆录》问世之前，我一直以为他的嘲笑有点开玩笑的意思，但现在看来并非如此。他表情阴郁，近乎沮丧，但心肠却很好；他笑起来有多么开心是众所周知的。我觉得他虽然有点爱嫉妒人，但实际上心地是很善良的。他能够绘声绘色地描述事物和人，生动而传神，他的这种特别的能力是任何人都无法怀疑的，我觉得他在这方面要胜过麦考利。至于他对于人物的描述是真是假，则是另一回事了。

他大力鼓吹道德，向人们灌输所谓“伟大的道德真理”。另一方面，他对奴隶制度的观点却令人厌恶。在他的眼中，权力就是正义。我觉得他的思想非常狭隘，甚至对科学的所有分支学科都要贬抑一通。令人惊愕的是，金斯利竟然说他适合宣传科学，推动科学的发展。有人认为像休厄尔这样的数学家能够证明歌德[①]关于光的观点是否正确，我也认为休厄尔有这种能力，可是卡莱尔却对此嗤之以鼻。他认为，人们居然会关心冰川是否移动得快了一些、慢了一些，或者压根儿就没有移动，这简直荒唐至极。依我判断，他这种思想

① 德国著名作家。

极其狭隘的人是最不适合从事科学研究的。

在伦敦居住期间，我再怎么忙也要定期出席几个科学学会的会议，并且担任地质学会的秘书。可是，开会和一般的社会活动严重地损害了我的健康。后来，我们决定到乡下居住，这是我和妻子共同做出的决定，并且从未因此而后悔过。

定居于唐郡——现在
（1842年9月14日—1876年）

我们先是在萨里郡[1]以及别的地方找了几次房子，没有找到，最后才看中了现在的这幢房屋，并且买下了它。我很喜欢这儿，因为在这个白垩地区，植物的外观多种多样，跟我习惯于在英国中部地区见到的情景大不相同。更令我感到高兴的是，此处环境相当宁静，有着世外桃源的味道。不过，它并非完全与世隔绝，正如德国一家期刊的作者所言：只有一条骡子走的小径通往达尔文先生的住所！我们在这里定居还有一个令人意想不到的好处：方便子女时常来看望我们。

很少有人能过我们这样的隐居生活。除了短暂出门探亲访友，偶尔到海边或别的什么地方转一转，我们就待在家中，哪儿都不去。刚刚定居下来时，我们

① 位于英格兰的东南部。

还参加一些社交活动，在家里接待接待朋友；后来由于我一激动身体就吃不消，不是浑身颤抖不已就是呕吐，于是有许多年就只好谢绝朋友们的好意，不敢去参加晚宴了——这对我而言，从某种程度上来说，是一种损失，因为这样的聚会总是使我兴致勃勃。出于同一个原因，我很少邀请科学界的熟人来家中做客。

我一生中最大的乐趣和唯一的职业是科学研究；科学研究工作带来的兴奋令我暂时忘记了时间，驱散了我每天的不适之感。要我写人生回忆录，其实也没什么可写的，无非就是写写自己出版的几本书而已。也许，出版过程中的一些细节值得一书。

我的若干科学著作的出版

我曾随“贝格尔号”军舰考察过火山岛，考察报告于 1844 年初出版。1845 年，我用了很大精力修订新版的《研究日志》，该日志曾作为菲兹－罗伊的作品的一部分，首次出版于 1839 年。这是我的处女作，它的成功大大满足了我的虚荣心，其魅力大于我任何别的书。甚至到了今天，该书在英美两国的销量仍很稳定，并两次被翻译成德文，还被翻译成了法文及其他语种。这本游记的成功，尤其它还是科学类游记，自从问世以来，能够走红这么多年，实在令人惊讶。第二版在英国一经推出，就销售了一万册。1846 年，我的《南美洲地质观测》得以出版。我一直保存着一个小日记本，里面记载了我付出的心血——为了那三部地质学著作（其中包括《珊瑚礁》），我呕心沥血，埋头苦干了四年半的时间。“如今，自从我回到英国，十年的时光转眼即逝。真不知我因病浪费掉了多少时间！”至于这三部地质学著作，我别的不说，要说的只有一句：出乎我的意料，它们最近又要再版了。[①]

1846 年 10 月，我开始动手写《蔓足纲》一书。在智利海岸考察的时候，我发现了一种极为奇异的蔓足纲生物，它们寓居于贝壳里，跟其他的蔓足纲生物完全不同——为了将它们收入大系，就得另建一个新亚目。最近在葡萄牙海岸，发现了一种穴居类生物，与这种蔓足纲生物相似。为了了解这种新发现的蔓足亚纲生物的结构，我得解剖和检查许多常见的品种，末了，竟然导致我解剖了它们的整个族群。在接下来的八年里，我一直致力于这个研究项目的工作，最终出版了两本厚厚的著作（由雷协会[②]出版），详细描述了已知的现存种类，又出版了两本小薄册子，介绍已灭绝的种类。爱德华·利顿·布尔沃爵士[③]在他的小说里讲述了一个朗教授的故事，说这个教授写过两大本关于帽贝的著作，毫无疑问，他指的是我。

虽然我花费了八年的时间从事这项工作，但根据

---

① 《南美洲地质观测》一书再版于 1876 年，《珊瑚礁》再版于 1874 年。

② 一个科学文献出版会，创建于 1844 年，主要出版研究动植物的作品。截至 2017 年，它已出版了 179 部科学著作。

③ 英国小说家、诗人、剧作家和政治家。

我的日记记载，其中大约有两年的时间因病什么也没干。为此，我在 1848 年去莫尔文接受了几个月的水疗，效果相当不错，回家后就又可以继续工作了。家父身体状况严重恶化，病逝于 1848 年 11 月 13 日。我没能参加他的葬礼，也没能充当他的遗嘱执行人。

研究蔓足纲的工作，我认为颇有价值——除了描述几个不寻常的新种类之外，我还列出了几个种类之间异体同形的现象，我发现它们都有胶黏器官和胶黏腺，尽管关于“胶黏腺”之说，我犯了一个严重的错误；最后证明这种生物有着细微的雄性素，对雌雄同体是一种补充。后一发现虽然曾有一位德国作家很乐意将其称为我丰富想象力的结晶，但最终还是得到了彻底证实。蔓足纲生物种类多，很难分类。后来我写《物种起源》，谈论自然分类的原则时，这一研究对我帮助很大。但它耗费时间过长，真不知道值得不值得。

从 1854 年 9 月开始，我把所有的时间都用在整理堆积如山的笔记上面了，并针对物种演变现象进行观察和实验。随“贝格尔号”军舰远航期间，令我印象深刻的是在南美大草原发现了大型动物化石，它们的上面覆盖着一层如现代犰狳身上的那种甲胄；其次，沿着美洲大陆南行，我发现了一代又一代关联紧密的动物；最后，我发现加拉帕戈斯群岛的大部分产物都具有南美洲的特色，各岛屿之间产物的差异尤其细微；从地质意义上来说，这些岛屿似乎都不是很古老。

显而易见，诸如此类的现象以及许多其他的现象，只能以一种推论来解释——物种在逐渐发生变化；这一推论一直萦绕于我心间。但同样明显的是，无论是从周边环境影响的角度，还是从物种意愿的角度（尤其是植物），都无法解释千千万万物种为什么能够适应当地的环境，养成特定的生活习惯，如啄木鸟或树蛙爬树，某些植物靠毛刺或茸毛传播种子。它们的适应能力深深触动了我，我觉得应该先解释清楚这种现象，否则要想靠间接的证据证明物种的变化，只会是竹篮打水一场空。

回到英国后，我觉得只要仿效莱尔研究地质学的方式，针对在家养条件下和自然条件下动物和植物变异的现象收集各种例证，也许可以对整个研究项目有所启示。我是在 1837 年 7 月开始写第一本关于物种演变的笔记的。我按照培根原则的精神行事，在没有任何理论支持的情况下大规模收集实例，特别是收集家养物种的实例，查阅资料，与技艺精湛的动物饲养人以及园丁进行交流，并且博览群书。我读过的书五花八门，还做了摘要，包括大量的期刊和学报，当我看到自己那长长的书单时，感到非常惊讶，想不到自己竟如此勤奋。我很快意识到“选择”是人类成功利用动植物的有效途径。可是，在野外生长的动植物是如何“选择”的，在很长一段时间里对我而言是一个谜。

1838 年 10 月，在我开始系统地研究物种起源的十五个月后，为了消遣，我读了马尔萨斯的著作《人口论》，结果有所感悟：我长期持续观察过动植物的生活习惯，现在觉得到处都有动植物为了生存而竞争。我立刻联想到：在这种情况下，适合生存的物种往往会被保留下来,而不适合生存的物种则会被消灭。这下子，我终于有可供研究的理论了，但我不打算声张，生怕会招来偏见，于是决定暂且不提此事，哪怕连一篇相关的文章也不写。直至 1842 年 6 月，我才就我的理论用铅笔写了一篇非常简短的三十五页的摘要，随后在 1844 年夏季扩充为二百三十页，我工整地誊写了一遍，这份手稿至今还保留着。

但这一次，我却忽视了一个非常重要的问题；至于除了哥伦布和他的鸡蛋的原理[①]之外，我怎么会忽视

---

① 哥伦布跟一些高贵的西班牙人聚餐。有人提出哥伦布发现美洲新大陆没有什么了不起的——美洲大陆是客观存在的，哥伦布只是碰巧发现了而已。哥伦布向那些人提出挑战，请他们想办法让鸡蛋直立起来，结果无一人能做到。哥伦布将蛋壳的一端敲破，鸡蛋便能站立了。他告诉那些人：“这也是客观事实，只是你们没有发现而已。”

如此重大的问题及其解决方案，在我看来简直匪夷所思。这一问题是：起源于同一物种的有机生物在发生变化时，它们的特性会发生分化的趋势。物种的巨大分化是很明显的：所有的物种都可以分为“属”，而“属”归于“科”，“科”归于“亚目”，以此类推。这一解决方案叫我欣喜若狂。记得当我突然想到这个解决方案而为此欣喜若狂时，正乘马车行走在路上，那时我们在唐郡定居已有很长时间了，这一灵感出现的地点至今我还记忆犹新。我坚信，所有的物种，即便现在占有优势，并且数量在增加的物种，其后代也会根据大自然的规律发生变化，以适应千变万化的环境。

1856年初，莱尔建议我把自己的观点详尽地写下来。于是我立刻开始写作，写出的篇幅之大，三四倍于后来撰写的《物种起源》。不过，那只是摘要，阐述了我所收集到的材料，工作差不多只完成了一半。而就在这时，我的计划被推翻了，因为在1858年初夏，我收到了当时在马来群岛的华莱士先生[①]寄来的一篇论文《论物种无限偏离原始类型的趋势》。这篇论文的观点与我的理论简直一模一样。华莱士先生表示，如果我觉得他的论文还不错，希望我能将论文寄给莱尔

① 英国生物学家。

审阅。

我同意了莱尔和胡克的要求，把我的手稿摘要，连同 1857 年 9 月 5 日致阿萨·格雷[①]的一封信，以及华莱士的论文一同发表，并在 1858 年《林奈学会杂志》第 45 页做了说明。起初，我并不了解华莱士先生是个慷慨大度、品行高尚的人，还很不乐意这样做呢，生怕他会见怪，怪我这样做有失公平。我的手稿摘要和致阿萨·格雷的那封信原先并未打算发表，写得很差劲；而华莱士先生的论文观点清晰，文字表述令人钦佩。不过，我们的这些东西一起发表后，引起的关注度极低，我记得只有都柏林[②]的霍顿教授发表过一篇评论文章，说我们的新观点全是错的，而正确的部分则是旧观点。由此看来，任何新观点想要引起公众的注意，就必须花费相当的篇幅详细解释。

1858 年 9 月，在莱尔和胡克的强烈建议下，我开始工作，准备写一本关于物种变化的著作，但由于健康状况不佳，以及时常要去摩尔公园接受雷恩医生那令人愉快的水疗，写作也就时断时续的。1856 年我就着手大规模写手稿摘要了，而这本专著是根据浓缩的

① 美国植物学家，哈佛大学教授。

② 爱尔兰的首都。

材料写成的。为此我花费了十三个月零十天的艰苦劳动，最终这本书于1859年11月以《物种起源》为名出版。此书后来的版本虽然有所添加和修正，但大体仍保持着原貌。

这无疑是我一生中最重要的著作，首次出版便获得成功。第一版的1250册，出版当天便销售一空，第二版的3000册也随即售罄。现在，也就是1876年，在英国已售出16000册。如此艰涩的著作，这种销量算是相当大了。此书被翻译成了几乎所有的欧洲语言，其中甚至包括西班牙文、波希米亚文、波兰文和俄文。据博德女士所言，该书还被翻译成了日文，而且在学术界很受推崇（后来我听美作教授说，博德女士弄错了）。甚至还出现了一篇希伯来文的论文，声称该理论早已囊括在了《旧约全书》[①]中！针对《物种起源》以及我的其他相关著作的评论文章更是如潮水一般，我曾经统计了一下，竟有265篇之多（不包括报章评论），后来由于统计不过来，我就放弃了。此外，还有许多相关的研究论文和书籍如雨后春笋般出现。在德国，每一两年就会出现一份关于“达尔文主义”的目录或者书目。

《物种起源》的成功，我认为可能在很大程度上要

① 基督教的启示性经典文献。

归功于我很久之前所画的两幅物种进化简图以及我对手稿的一再浓缩、最终整理出的摘要。通过这样的方式，我才能够选出较突出的事实，并做出结论。此外，多年来我一直遵循着一条黄金守则：一旦有新的事实发表，有一种新观察或新思想出现，跟我的结论相左，就毫不含糊地立刻记录下来；因为我通过经验发现：跟中听的话相比，这类事实和想法更容易忘掉。得益于这种习惯，我的观点很少遭到反对，起码我没留意到有人质疑，也就无须解答。

有时会有人说：《物种起源》的成功是因为“其中的道理已广为人知”，或者“人们早已有思想准备”。我觉得严格点说，此话并不准确，因为我也问过一些博物学家，从没见过有哪个人对物种的持久性持怀疑态度。就连莱尔和胡克，虽然听我讲述时也饶有兴趣，但似乎从来就不同意我的观点。有一两次，我曾向几位有识之士解释何谓自然选择，但显然以失败告终。有一点我倒觉得是千真万确的：博物学家的大脑中储存了无数众所周知的事实，一旦任何理论得到充分解释，他们就准备采取适当的立场。该书成功的另一因素是篇幅适中，这方面得益于受到华莱士先生文章的启迪。如果以 1856 年我起笔时的那种篇幅出版，字数会是现在的《物种起源》的四五倍，相信没有几个人能耐住性子看内容如此冗长的书。

从大约1839年开始，也就是我对这一理论形成清楚的构思的时候，我在该书延迟出版的这段时间里，一直到1859年，获益良多；至于世人说该理论的原创者是我还是华莱士，我丝毫都不计较。他的文章无疑是锦上添花，有助于人们接受该理论。只有一项重要论点，我被别人捷足先登；由于虚荣心作祟，内心感到十分懊恼，那就是以冰河时期为切入点，解释为什么在遥远的山巅以及北极地区生长着某些相同的动植物物种。我对这一论点很感兴趣，曾经一五一十地写了出来。我坚信，在福布斯[①]就相同题目发表了他的广为人知的回忆录（见1846年出版的《地质调查回忆录》）的前几年，胡克就看到过我写的东西。我和福布斯有几点不同的看法，我仍然认为我的观点是正确的。当然，我从未撰写过文章表明这一观点是我独立得出的。

我撰写《物种起源》时所产生的最大满足感，莫过于解释许多种生物的胚胎和成体之间的巨大差异，以及同一种生物的胚胎与胚胎之间极大的相似性。记得在早些时候，人们在评论《物种起源》时，并没有

---

① 爱丁堡大学教授。

留意到这一点。对此，我在给阿萨·格雷的信中表示了惊讶。近年来，几位评论家把这一发现归功于弗里茨·穆勒[①]和海克尔[②]，他们的论述无疑要比我的详尽得多，某些方面也比我正确。关于这个论点，《物种起源》有整整一章是这方面的材料，我应该有更详细的论述才对；显而易见，我的论述没有给读者留下深刻印象，这一点别人做到了，依我看，应该得到这份荣誉。

谈到这一点，我得说人们对我的评论历来几乎是公正的，但也有些人缺乏科学常识，他们的攻击可以略去不提。我的观点被严重曲解，遭到激烈的反驳和嘲笑，这也是常有的事，但我相信他们一般都没有什么恶意。整体而言，我认为我的作品一再受到好评，其赞誉之词有点过于夸张。值得庆幸的是，我一直都避免参加社会上的论战，这得感谢莱尔的教诲——许多年前，在谈到我的地质学著作时，他强烈告诫我不要纠缠于论战，因为论战没有什么好处，只会浪费大量时间以及惹人发火。

每当我发现自己判断失误，抑或研究工作不够完美，以及有人对我冷嘲热讽，甚至包括发现自己被过

① 德国生物学家。
② 德国生物学家。

度称赞时，我都会感到内心不安。我已经上百次用这样的话安慰自己："反正我已经够努力了，已经尽力了，没有人比我更勤奋了。"记得在火地岛的成功湾，我曾对人生做过思考（在给家里的信中可能提到过），觉得自己对自然科学有些许贡献，没有虚度光阴。我已经尽到了自己最大的努力，评论家们愿怎么说就怎么说吧，他们是无法摧毁这一信念的。

1859 年的后两个月，我全身心投入《物种起源》第二版的准备工作，同时处理大量的来往信件。1860 年 1 月 1 日，我开始着手整理笔记，撰写专著《动物和植物在家养条件下的变异》。但由于经常生病，有一次竟病了七个月，还有一部分原因是致力于出版别的自己更感兴趣的作品，此书一拖再拖，直到 1868 年初才付梓。

1862 年 5 月 15 日，我花了十个月心血写成的小书《兰花受精》出版。书中涉及的大多数资料是在前几年慢慢积攒起来的。1839 年夏季和前一年的夏季，我专注于研究"花卉借助昆虫而异体受精"（这是我研究物种起源时推测出的结论，认为异体受精对保持物种的形态不变起着重要作用）。在随后几年的夏天里，我直在做这方面的研究。1841 年 1 月，在罗伯特·布朗的推荐下，我读了 C. K. 斯普伦格尔[1]引人入胜的著作《发现大自然的奥秘》[2]，兴趣就更加浓厚了。在 1862 年之前的几年，我特别致力于研究英国本土的兰花，认为最好的方案是尽可能写一部专著，专门论述这一植物物种，而舍弃我花费时日慢慢收集到的有关其他植物的大堆资料。

我的这一决定经证明是明智的，因为自从我的专著出版后，各种花卉异体受精的专著和论文纷纷出炉，数量多得惊人，比我论述得更为精彩。可怜的斯普伦格尔做出的贡献被忽视了这么久，如今他死后多年才得到充分认可。

同年，我在《林奈学会杂志》上面发表了论文《论樱草属植物的两种形态（或称二态）》，在随后的五年里又发表了五篇论文，论述二态和三态植物。依我看，弄清楚这些植物结构的意义，是科学研究带给我的最大满足。在 1838 年（或 1839 年），我已留意到了亚麻植物的二态，起初以为这只是没有意义的变异。但在检查了几种常见的樱草属植物之后，我发现这两种形态极有规律并且稳定，不可视为无意义的变异。因此我几乎相信：常见的黄花九轮草和报春花必然会转变成

---

① 德国博物学家。

② 德语名是 *Das Entdeckte Geheimniss der Natur*。

为雌雄异体；第一种形态的短雌蕊和第二种形态的短雄蕊有变为畸形的倾向。但用这种观点对植物进行测试，结果发现：短雄蕊的花粉一旦使短雌蕊受精，产出的种子就会比其他四种可能结合体中的任何一种要多。这一发现给了畸形理论当头一棒。又经过几次试验，有一点变得十分明朗：这两种形态虽然完全是雌雄同体，但两性之间的关系和普通动物的雌雄两性关系几乎相同。千屈菜属植物有三种形态，更为奇妙的是，三种形态相互之间的关系却是相似的。后来我发现，属于同一形态的两株植物结合产生的后代，与两种完全不同的植物结合产生的杂交种有着密切而奇特的相似之处。

1864 年秋，我完成了长篇论文《攀缘植物》，把它寄给了林奈学会。这篇论文花费了我四个月的时间；收到校样时因为身体欠佳，我无法认真修改，结果稿件质量十分糟糕，一些地方语焉不详。该论文发表后没怎么引起人们的注意，但在 1875 年经过修改和润色，以单行本出版后，却畅销一时。我之所以进行这个科目的研究，是因为看了阿萨·格雷在 1858 年发表的一篇短文而产生的灵感。他还给我寄来了一些种子。下种后，我发现种出的植物的卷须与茎之间产生了旋转运动，于是觉得非常有趣，同时感到不解（这样的运动乍一看十分复杂，实际很简单)，于是又弄来一些不同种类的攀缘植物，开始研究整个学科。亨斯洛曾在给我们做讲座的时候提到过缠绕植物，说这种植物有着呈螺旋状生长的自然倾向——我对他的解释完全不满意，就更要把这种现象弄个水落石出了。经证明，他的解释是相当错误的。其实，攀缘植物所表现出的这种现象是为了适应环境，一如兰花的异体受精。

如上所述，我在1860年初就开始写《动物和植物在家养条件下的变异》，但直至1868年初才出版。这是一本大书，为之我整整埋头苦干了四年零两个月，针对在家养条件下的动物和植物又是细心观察，又是从不同渠道大量收集各种各样的材料。该书的第二卷根据目前掌握的知识讨论了动植物变异和遗传的原因和规律。在该书的结尾处，我提出了颇受诟病的“泛生论”[①]假说。未经证实的假说价值不高或者说没有什么价值，但如果有人根据这种假说通过观察得出结论，那我就算是做了件好事——浩如烟海的大量孤立的事实因此能够被联系起来，从而变得可以解读了。该书

---

① 《物种起源》发表9年后，达尔文提出了一个被称为“泛生论”的遗传假说，这个假说认为生物体各部分的细胞都带有特定的自身繁殖的粒子，称为“微芽”或“泛子”，循环系统把这种粒子送到精子、卵子里去，传递给子代，使它们呈现亲代的特征。

的第二版经过大幅度修改，耗去了我大量精力，最终于 1875 年出版。

1871 年 2 月，我的专著《人类的起源》出版。在 1837 年还是 1838 年，我有了所有的物种都是易变的这个信念，之后就不可避免地认为人类也应该遵循这个规律。为了让自己满意，我开始收集关于这个科目的相关笔记，而且很长一段时间都没有出版的打算。虽然《物种起源》一书从未探讨过任何一个具体的物种，但从事这项研究，为了不让正人君子们指责我隐瞒观点起见，我认为最好给它加上这一点：该研究“将对人类的起源和人类的历史有所启示”。论及人类的起源，倘若没有证据，我的观点是不会有价值的，反而会损害《物种起源》的声誉。

我原本并无出版《人类的起源》的打算，可后来发现许多博物学家全盘接受了我的有关物种演变的学说，于是便觉得应该利用手头的笔记，最好是整理好它们，出版一部关于人类起源的专著。我很愿意这样做，因为这会让我有机会全面讨论“性选择”[①]的问

① 自然选择的一种特殊形式。达尔文认为，两性中的某一性别（通常是雄性，雄性个体或雄性生殖细胞相对过剩）的个体为交配而与种群中同性别的其他个体展开竞争，得到交配的个体就能繁殖后代，使有利于竞争的性状逐渐巩固和发展。

题——这一课题我一直都很感兴趣。我可以利用自己已经收集到的全部材料,全面论述“性选择”这一课题,以及在家养条件下物种的变异、物种变异的原因和规律、遗传以及植物的交叉异体受精。我用了三年时间写作《人类的起源》——跟以前一样,由于生病和准备一些新版书以及一些次要作品,中间浪费了不少时间。《人类的起源》第二版经过大幅修改,于 1874 年问世。

我的《人和动物的情感表达》于 1872 年秋季出版。我本来打算在《人类的起源》当中用一个章节谈论这个主题,可后来开始整理笔记时,才发现非得写一本书方能说得清。

我的第一个孩子于 1839 年 12 月 27 日出生。他刚一出生,我就开始记录他的各种表情,因为我相信,即使在生命的这个早期阶段,他的表情也会逐渐演变,也会有一个渐进的、自然的起源,演变成极为复杂和丰富的模样。第二年的夏季,我阅读了查尔斯·贝尔爵士[①]的一篇论表情的杰作,不禁对这一主题兴趣大增。不过,他认为人脸各种肌肉的产生无非是为了表达感情,而对这一观点我不能苟同。从那时起,我偶

① 英国皇家学会会员。

尔会关注“表情”这个主题，既涉及人类的表情，又涉及我们的家养动物的表情。《人和动物的情感表达》一经出版销量就很好，首发当天便卖出了 5267 册。

1860 年夏季，我到哈特菲尔德[①]一带去放松身心。那儿生长着两种茅膏菜属植物——我注意到许多昆虫被困在了这种植物的叶子上。于是，我采集了一些茅膏菜属植物带回家研究，把昆虫拿到它们跟前，结果看见它们的触须在移动。这让我想到，它们捕捉昆虫可能是出于某种特定的目的。幸运的是，我想到了一种重要的测试：把大量叶子分别放在富含氮和不含氮的密度相同的两种液体里，结果发现富含氮的液体能够刺激叶子运动。很明显，这是一个值得探索的新天地。

以后的几年里，我一有空就做这方面的试验，最终于 1875 年 7 月出版了《食虫植物》——也就是说，自打开始观察这种现象，已经过去了十六年。一如我的其他著作，这本书延迟出版对我来说有极大的好处，因为时间间隔长，我就可以客观地审视自己的作品，仿佛审视他人之作一样。植物受到适当刺激就会分泌出一种含有酸和酵素的液体，与动物的消化分泌液非常类似——这无疑是一个非凡的重大发现。

---

① 位于英国东萨塞克斯郡。

1876年秋，我打算出版《植物王国中的杂交受精和自体受精效应》。该书堪称是《兰花受精》的续篇——在前一本书里，我论述了物种杂交受精的方式是如何完美，而在这本书里我要讲的是物种杂交受精的效应是如何重要。仅仅是因为偶然的一次观察，我在十一年里进行了书中记载的无数次实验。实际上，那次偶然观察到的现象一再出现，才引起了我的特别关注——植物自体受精，其种子质量较差，即使是第一代，在高度和活力上都比不上异体受精的种子。我希望修订和重新出版《兰花受精》一书以及有关二态和三态植物的论文，并结合一些我从来没有时间整理的关于相关观点的补充意见。我可能会为此筋疲力尽，鞠躬尽瘁而“永别人世”[1]。

① 原文是拉丁语 Nunc dimittis，意为“现在可以平安离去”。

写于1881年5月1日的话

1876年秋，《植物王国中的杂交受精和自体受精效应》问世。我认为该书有一个效用，那就是解释了同一类植物之间为什么能有无穷无尽传授花粉的神奇现象。不过，主要有感于赫尔曼·穆勒的观察，我现在认为，我应该以更坚决的态度坚持自己的观点——植物在许多情况下适合于自体受精，即便对于这些情况我当时已经了如指掌。《兰花受精》一书在补充了许多内容后于1877年出版。

同年，《同种植物的不同花型》也获得了出版，1880年推出了第二版。该书的内容主要包括若干论述异型花的论文，这些论文最初由林奈学会出版，后来修订时又补充了大量新的内容，还增加了针对同 植物结两种花的现象所做的其他一些观察的结果。正如以上所言，探索异型花的奥秘，每一个发现都会给我带来无穷的快乐。我坚信这些花卉不正常的杂交会产生非常严重的后果，会导致杂交种的不育，可惜只有少数人注意到了这种后果。

1879 年，我拿到厄恩斯特·克劳斯博士[①]出版的《伊拉斯谟 · 达尔文[②]的生平》之英译本，就用我手边的资料增添了一些内容，描述他的性格以及生活习惯，原以为许多人都会对这本关于他本人生活的小书感兴趣，谁知却只卖出了八九百册，这令我颇感意外。

1880 年，在我儿子弗兰克的协助之下，《植物运动的力量》问世。该书让我们付出了艰辛的劳动，其内容跟我写的小书《攀缘植物》有着某种联系，就跟《植物王国中的杂交受精和自体受精效应》与《兰花受精》互为补充一样——因为根据植物演变的原则，要解释攀缘植物为什么能发展成为如此之多迥然不同的品种，就必须证明所有的植物都具有些许类似的运动能力。我证明了这一点，而且进行了广泛的归纳：受到光线、地心引力等因素的影响，植物所产生的这种极为重要的运动都是舒缓的、回旋性的基本运动。一想到自己能将植物提升到有组织的高度来认识，我就感到格外

① 德国生物学家。

② 英国哲学家、发明家、生理学家和诗人。

高兴，尤其高兴自己能证明植物根部的尖端为了适应环境能够做出令人赞叹的调整。

最近（1881 年 5 月 1 日），我刚把一本小书《腐殖土的形成和蚯蚓的作用》的文稿送交出版社。该题材不是很重要，我不知道读者会不会感兴趣[①]，反正我很感兴趣。四十多年前我在地质学会朗读过一篇短论文，而该书是对那篇论文的补充，它唤起了昔日我对地质学研究的回忆。

至此，我出版的所有图书该提的都提了，这些是我人生的里程碑，别的没有什么可说的了。在过去三十年里，除了我马上会提到的这一点，我没觉得自己在大脑思维方面有什么变化——实际上，除了思维能力有所衰退之外，也不会有什么变化的。家父活了八十三岁，大脑依然活跃，思维能力没有衰退的迹象。但愿我也能在有生之年保持清晰的思维。对于推论和解释以及设计实验方案，我觉得自己已经轻车熟路，但这可能仅仅是因为“熟能生巧”和“知识渊博”的缘故吧。而在表达方面我则感到十分困难，无法清晰、准确地表达自己的观点，结果导致我浪费了大量时间。

① 该书从 1881 年 11 月至 1884 年 2 月共销售了 8500 册。——原注

不过，相应地，这也有好处，会迫使我斟词酌句，进行缜密的思考，从而发现自己推理上的错误，发现自己或他人在观察方面的错误。

每当描述一种现象或推出一种理论时，我一开始就会写错，抑或笔锋滞涩，这似乎已成了定律。以前，我都是三思后再落笔；但这许多年来，我却觉得潦草地书写可以节省时间——先快速写上几页纸，然后再精简文字和润色。用这种方法写出的文章，质量往往比我精心雕琢出来的要好。

关于写作，我已经说了很多。需要补充的一点是：写大本书，我会花大量时间做整体安排，先用两三页描述粗略的框架，然后再用几页纸将它进一步扩充，用几个字或一个字代表一个专题或一系列事实。继而再对每一个标题进行扩充，并经常会在着手完整写作前更改题目。我的几本书里大量引用了别人的观察结果，由于我历来都是同时开展几项截然不同的科目的研究，在这里我想提一下，于是我就备了三四十个大号文件夹，时时存放参考资料或备忘录，这些文件夹保存在档案柜里带有标签的架子上。我买了很多书，每本书后面都列有与我的研究工作有关的资料索引；假如书不属于我本人所有，我就写摘要，写出的摘要装满了整整一大抽屉。在对任何一个科目开始研究之前，我先看短索引，然后整理成通用索引和分类索引——只要拿出一两个文件夹，我一生收集的相关资料便随时可用了。

我曾提到在过去的二三十年，我的思想在某一方面发生了改变。直到三十岁，或者说三十多岁，诗歌带给我极大的愉悦，什么样的诗歌我都喜欢，不管是弥尔顿的、格雷[①]的、拜伦的、华兹华斯的、柯勒律治的，抑或雪莱的。上中学的时候，我特别喜欢莎士比亚的作品，尤其是他的历史剧本。我还说过：我以前也喜欢绘画，而音乐更是叫我着迷。但近许多年来，我已厌倦了诗歌，哪怕读一行诗都受不了。最近我还尝试读一读莎士比亚的作品，却觉得他写的东西味如嚼蜡，令我厌恶。对于绘画和音乐，我也失去了兴趣。听音乐不再给我带来快乐，相反，通常会增加我的焦虑，使我对手头的工作感到忧心忡忡。我对非常美丽的风光仍保留着一些兴趣，但它不会像过去那样令我流连忘返。另一方面，充满了想象力的小说虽然层次不很高，但多年来却能给我带来奇妙的慰藉和乐趣，为此，我常常为小说家们祝福。有相当多的小说都是别

① 指托马斯·格雷，英国18世纪重要诗人，抒情诗人，主要作品有《墓园挽歌》等。

人念给我听的，只要稍微有点意思，只要不是悲惨结局——应该立法禁止小说有悲惨结局——我全都喜欢。依我看，一部小说如果没有某些能够令人全心全意喜欢的角色——最好是一位漂亮女性，就不能视为上乘之作。

我丧失了对高层次美学的审美情趣，确实令人感到奇怪和可悲。可是，我对历史书、传记、游记（也不管里面是否包含科学事实）以及各种题材的论文，仍一如既往地保持着浓厚的兴趣。我的大脑似乎变成了一台机器，将大量的资料碾碎，提炼出普遍的规律。可是，这怎么会导致具有高层次美学审美情趣的那部分大脑细胞萎缩，就叫人百思不得其解了。我觉得大脑组织比较健全，或者说大脑结构比较高级的人，大概是不会出现这种情况的。假如能让我的人生重新开始，我会给自己定一条规矩：每星期至少一次，读一点诗歌，听一点音乐。这样，或许我的那部分容易萎缩的具有高层次美学审美情趣的大脑细胞通过使用，就可以保持活力了。丧失了审美情趣就是丧失了幸福——一个人天性中情感的部分萎缩，很可能会对他的智力造成损害，更有可能有损于他的品德。

我的书主要在英国销售，已被翻译为多种语言，在外国也有多个版本。我曾听说，衡量一本书是否有恒久的价值，最好的办法是看它是不是能在海外获得成功。对于这种办法的可信度，我持怀疑态度。不过，以此作为衡量标准，我的名声应该还是可以延续几年的。虽然我知道没有人能够准确地分析出我的成功所依赖的心理素质以及条件，但我认为还是值得一试的。

与一些聪明人，如赫胥黎[①]相比，我思维不够敏捷，理解力不够深刻，不够聪明。因而，我的批评能力很差——无论看书还是看文章，一开始阅读我都会对其中的观点佩服得五体投地，只有经过深思之后才会发现其弱点。在过程漫长而纯粹抽象的思维方面，我也能力有限，因此不可能在玄学或数学领域有所造诣。我记的东西很多，但很模糊，不过却足以提醒自己曾经看到过或读到过的某种现象与目前得出的结论相一致或相反；通常过一段时间，我就可以回忆起在何处可以找到权威的资料。从某种程度上来说，我的记忆力非常差，一个日期或是一行诗句记不了几天就会忘掉。

一些批评家说我“观察力强，但缺乏推理能力”。我觉得此话不对，因为《物种起源》从头到尾就是一

① 英国生物学家、达尔文主义的维护者与宣传者。

个漫长的推理过程，它让许多能人都心服口服。缺乏推理能力，这样的书是写不出来的。至于创造力、常识或判断力，我和那些相当成功的律师或医生也差不多，但我觉得自己不会处于很高的层次。

权衡起来，我认为自己比普通人观察力强，能够注意到别人很容易忽视的现象，并对其进行仔细的观察。对于观察事物以及收集实证，我孜孜不倦，可谓相当勤奋。更为重要的是我热爱自然科学——那是一种持久的、强烈的爱。

然而，我对于自然科学的这种纯洁的爱，在很大程度上得益于我的博物学家同行们对我的尊敬。少年时期我就心怀极为强烈的愿望，要弄清楚或解释明白自己所观察到的现象，那就是按照普遍法则对事实进行归类。这些原因加在一起使我有耐心多年来反思或者思考任何无法解释的问题。就我所知，我不是一个盲从的人，不喜欢跟在别人屁股后边转。我坚持原则，不让自己的思想受到束缚——每进行一项研究，我都禁不住会提出一种假设，可一旦事实证明这种假设是错的，不管自己多么钟情于它，我都会毅然放弃。事实上，我别无选择，只好放弃。根据我的记忆，除了关于珊瑚礁的假设之外，所有最初形成的假设在经过了一段时间之后，不是被放弃就是被大幅修改了。这很自然地导致我不相信混合科学中的演绎推理。另一方面，我不是一个怀疑论者，怀疑一切这种心态会有损于科学的进步。对于一个科学家来说，质疑心强固然可取，可以避免时间的浪费，但我见过不少科学家因此而优柔寡断，我确信，他们没有去进行试验或观察，岂不知这样的试验或观察的结果会直接或间接派上用场的。

下面我举一个我所知道的最奇怪的例子加以说明。东部有位先生（后来听说他还是当地的一个杰出的植物学家）曾给我写信，说今年各地的蚕豆种子都长在豆荚的另一边，长错了地方。我回信要求他提供更多的细节，因为我不明白他的意思；但左等右等，很久都没有等到回音。后来我看到肯特郡和约克郡的报纸也在报道“今年的蚕豆种子都长错了地方”这一相当反常的现象。我就觉得这样广泛报道，必然有一些根据。于是我就去请教我的园丁——一位肯特郡的老人，问他是否听说过这种事，他回答说：“没事的，先生，肯定是搞错了，因为蚕豆种子只有在闰年才会长错地方，而今年不是闰年。”我接着问他蚕豆种子在普通年份是怎么长的，而在闰年又是怎么长的，但很快就发现他对此一无所知，却硬是坚持自己的看法。

又过了一段时间，最初给我写信的那位先生有了回音，他连连向我道歉，声称要不是听到好几位有经验的农民那样说，他是不会写信给我的。不过，他后来又一一与那些农民谈了谈，结果发现那几位农民没有一个知道自己在说什么。就是这样，一种信念——如果没有任何实际意义的说法也可以称之为信念的话——在没有任何实证的情况下，几乎传遍了整个英国。

我一生中只知道三项故意作假的研究成果，其中的一项可以说是骗局（科学骗局是有过先例的），刊登在一份美国农业期刊上。该研究宣称：在荷兰，通过让不同种群的牛（我碰巧知道有些牛是不能生育的）进行杂交，结果培育出了一个新品种。作者甚至厚颜无耻地声称和我通过信，说我对他的研究成果印象深刻，认为他的成果意义重大。一份英国农业期刊的编辑在转载之前把这篇文章寄给了我，征询我的意见。

第二个弄虚作假的例子如下：一位论文作者声称自己让几个品种的樱草属植物进行杂交，培育出了多个变种，还说他精心保护母株，没让昆虫接触，变种却同时孕育出了整整一个系列的种子。这篇文章在我发现异长花柱现象的意义之前就已经发表——该论文的通篇论述肯定存在作假成分，要不然就是疏忽大意，竟然无视昆虫传授花粉的现象，简直匪夷所思。

第三个例子就更为离奇了。记得胡思先生出版过一部名为《近亲结婚》的著作，其中有几大段内容引自一位比利时作者的文章——文章作者声称自己让多代兔子近亲繁殖，并未发现任何有害的后果。该文发表于极受推崇的比利时皇家医学会的期刊，但我还是无法抑制自己的怀疑。我简直不知道他是怎么做到的，不相信会有这种事情——根据我饲养动物的经验，我认为这是根本不可能的。

我犹豫再三，最后给范·贝内登教授[①]写了封信，问那位论文作者是否可信。我很快就收到了回信，说皇家医学会已经发现整篇论文是个骗局，感到十分震惊。（胡思先生把在已经出版的书里自己引用的错误观点列成一个清单，在尚未售出的每一本书里都塞了一份。）皇家医学会的期刊公开要求那位论文作者提供他的住址以及饲养大量兔子进行试验的地方，那肯定花了他好几年的时间，而对方一直没有答复。

我的习惯是有条不紊的，这对我所从事的这种特殊的工作很有用。最后一点：我时间充裕，不用为衣食奔波。虽然生病浪费了我多年光阴，但我也因此而更加专注于自己的研究，免于参加社交和娱乐活动。

因此，作为一个科学家，不管怎么说，依我看，

① 比利时动物学家、古生物学家。

自己的成功是由复杂、多样的心理素质以及条件决定的。其中最重要的是，出于对科学的热爱，我在研究中能够不厌其烦地反复思考，能够持续不断地观察和收集事实，并具有一定的创造力和常识。我资质平庸，却能够在一些重要观点上对科学家们产生那么大的影响，着实令人感到意外。

图书在版编目（CIP）数据

达尔文回忆录：汉英对照 /（英）查尔斯 · 达尔文（Charles Darwin）著；方华文译. --南京：译林出版社，2025.1. --（双语经典）. --ISBN 978-7-5753-0340-8

I.H319.4

中国国家版本馆 CIP 数据核字第 20247Z52V8 号

达尔文回忆录　〔英国〕查尔斯 · 达尔文 / 著　方华文 / 译

责任编辑　陈绍敏
特约编辑　任佳怡　时音菠
装帧设计　字里行间设计工作室
校　　对　刘文硕
责任印制　贺　伟

出版发行　译林出版社
地　　址　南京市湖南路 1 号 A 楼
邮　　箱　yilin@yilin.com
网　　址　www.yilin.com
市场热线　010-85376701
排　　版　字里行间设计工作室
印　　刷　三河市中晟雅豪印务有限公司
开　　本　889 毫米 × 1194 毫米　1/32
印　　张　7
版　　次　2025 年 1 月第 1 版
印　　次　2025 年 1 月第 1 次印刷
书　　号　ISBN 978-7-5753-0340-8
定　　价　42.80元